Classroom
manageme

学級経営
すきまスキル 70
中学校

堀　裕嗣 編著
山下　幸

明治図書

まえがき

　こんにちは。堀裕嗣です。

　このたび，「学級経営すきまスキル」と称して，小学校低学年版・高学年版・中学校版を編集させていただくことになりました。みなさまがお手にお取りの本書はその1冊ということになります。

　巷には多くの学級経営の提案がはびこっております。こうすれば子どもたちを統率できる。こうすれば子どもたちのやる気が出る。こうすれば子どもたちが自主的・対話的に学ぶことができる。どれも教育界にとって大事な提案ではあります。しかし，一般の教師，特に若い先生が学級経営で躓いたり，保護者からのクレームをいただくことになったりということの要因は，多くの場合，集団統率力がなかったり，子どものやる気を起こせなかったり，アクティブ・ラーニングを機能させられなかったりというところにあるのではありません。もっと小さな，細かな，些末なことを原因として起こることが多いように感じています。そう。ベテラン教師であれば誰でも知っているような些末な技術を知らないことによって……。

　本書はそうした学級経営の「すきまスキル」を集めたものです。遅刻しがちな子どもにどう指導するかとか，清掃指導でほうきのかけ方をどう指導するかとか，教室にはどんな文房具を揃えておけば良いのかとか，ほんとうに些末な技術です。しかしそれは，些末であるが故に誰もが知っ

まえがき

ているべきことであり，知っていなければ非常識と言われかねない技術でもあります。それをまるごと紹介してしまおう。それが本書の基本コンセプトです。

　ただし，私どもも少しだけ考えました。時代はアクティブ・ラーニング時代。そして，インクルーシブ時代です。些末な指導における些末な技術だとしても，そこには教師主導で子どもたちを効率よく指導していくだけではなく，子どもたちがより学びやすく，子どもたちがより学校生活を過ごしやすくする視点も必要なのではないか。そう考えたわけです。

　本書はこうした視点に立って，学級経営の「すきま」に必要な些末なスキルについて，効率的に子どもたちを指導するタイプの技術と，子どものやる気を高めたり子どもたちに過ごしやすさを提供したりといった技術とを分けて考えることにしました。それが，本書で言うところの「ハード」と「ソフト」です。

　「ハード」は子どもたちを指導すること，「ソフト」は子どもたちを援助することと捉えていただいても構いませんし，「ハード」は子どもたちを効率的に動かすための技術，「ソフト」は子どもたちに寄り添いながら見守っていく技術と捉えていただいても構いません。いずれにしても，この２視点が必要なのだということが，私たちの提案なのだと捉えていただければ幸いです。

　本書が読者のみなさまの日々の学級経営に少しでも役立つなら，それは望外の幸甚です。　　　　　　　堀　　裕嗣

contents

まえがき　2

第1章　基礎・基本を身につける！　日常スキル30

【本書の構成】

本書はそれぞれのテーマについて，

ハード編：子どもたちを指導すること，子どもたちを効率的に動かすための技術

ソフト編：子どもたちを援助すること，子どもたちに寄り添いながら見守っていく技術

という形で，2つのポイントとなる視点から分けてまとめています。

あわせて読んでいただき，ご活用いただければ幸いです。

1　チャイム着席／ハード編　……… 8
2　チャイム着席／ソフト編　……… 10
3　遅刻／ハード編　………………… 12
4　遅刻／ソフト編　………………… 14
5　朝読書・朝自習／ハード編　…… 16
6　朝読書・朝自習／ソフト編　…… 18
7　朝の挨拶・返事／ハード編　…… 20
8　朝の挨拶・返事／ソフト編　…… 22
9　プリント配付／ハード編　……… 24
10　プリント配付／ソフト編　……… 26
11　提出物回収／ハード編　………… 28
12　提出物回収／ソフト編　………… 30
13　連絡事項／ハード編　…………… 32
14　連絡事項／ソフト編　…………… 34
15　忘れ物／ハード編　……………… 36

contents

- 16 忘れ物／ソフト編 ………… 38
- 17 連絡なし欠席／ハード編 ……… 40
- 18 連絡なし欠席／ソフト編 ……… 42
- 19 学級日誌／ハード編 ………… 44
- 20 学級日誌／ソフト編 ………… 46
- 21 朝学活・帰り学活／ハード編 … 48
- 22 朝学活・帰り学活／ソフト編 … 50
- 23 教科連絡／ハード編 ………… 52
- 24 教科連絡／ソフト編 ………… 54
- 25 連絡メモ／ハード編 ………… 56
- 26 連絡メモ／ソフト編 ………… 58
- 27 黒板メッセージ／ハード編 …… 60
- 28 黒板メッセージ／ソフト編 …… 62
- 29 学級通信／ハード編 ………… 64
- 30 学級通信／ソフト編 ………… 66

第2章 学級がうまくまわる！ 係活動・当番スキル30

- 1 学級委員選出／ハード編 ……… 70
- 2 学級委員選出／ソフト編 ……… 72
- 3 係組織づくり／ハード編 ……… 74
- 4 係組織づくり／ソフト編 ……… 76
- 5 学級目標／ハード編 ………… 78
- 6 学級目標／ソフト編 ………… 80
- 7 日直／ハード編 …………… 82
- 8 日直／ソフト編 …………… 84
- 9 黒板の消し方／ハード編 ……… 86
- 10 黒板の消し方／ソフト編 ……… 88
- 11 給食当番／ハード編 ………… 90
- 12 給食当番／ソフト編 ………… 92
- 13 給食準備／ハード編 ………… 94

⑭ 給食準備／ソフト編 …………96
⑮ 給食のおかわり／ハード編 …98
⑯ 給食のおかわり／ソフト編 …100
⑰ 給食の後片付け／ハード編 …102
⑱ 給食の後片付け／ソフト編 …104
⑲ 給食の密売／ハード編 ………106
⑳ 給食の密売／ソフト編 ………108
㉑ 立ち食い／ハード編 …………110
㉒ 立ち食い／ソフト編 …………112
㉓ 清掃当番／ハード編 …………114
㉔ 清掃当番／ソフト編 …………116
㉕ ほうきのかけ方／ハード編 …118
㉖ ほうきのかけ方／ソフト編 …120
㉗ 雑巾がけ／ハード編 …………122
㉘ 雑巾がけ／ソフト編 …………124
㉙ 掃除をサボる子／ハード編 …126
㉚ 掃除をサボる子／ソフト編 …128

第3章 安心感と機能性を高める！ 教室環境スキル10

① 教室に置く文房具／ハード編 …132
② 教室に置く文房具／ソフト編 …134
③ 掲示物／ハード編 ……………136
④ 掲示物／ソフト編 ……………138
⑤ 棚の使い方／ハード編 ………140
⑥ 棚の使い方／ソフト編 ………142
⑦ 学級文庫／ハード編 …………144
⑧ 学級文庫／ソフト編 …………146
⑨ 風邪予防／ハード編 …………148
⑩ 風邪予防／ソフト編 …………150

あとがき　152

第1章

基礎・基本を身につける！
日常スキル30

第1章●基礎・基本を身につける！ 日常スキル30

チャイム着席

　キーンコーン，カーンコーン……
　チャイムが鳴ってから，生徒たちはようやく動き出す。1分後，教室の扉を開けて入ってくる教師。ダラダラとおしゃべりをして，まだ着席していない数名の生徒たち。
「何度言えば時間を守れるんだ！」
　毎回同じような説教で授業が5分ずれ込む。残り45分の授業は瞬く間に過ぎて，チャイムが鳴った後も教師は話し続ける。
「授業が長くなるのは着席が遅い生徒がいるからだ！」
　こんな嫌みを残して教師は教室から出て行く。

教師の指導に変化をつける

　同じパターンで単調な指導だけでは，生徒にチャイム着席を守らせることはできません。バリエーション豊かに変化をつけた指導によって，生徒は進んでチャイム着席を心がけるはずです。

傾向と対策

1　時間を守る教師の姿勢を見せる

　1年生を担任する場合，小学校との時間感覚のズレを理解しなくてはいけません。これは授業時間が45分から50

第1章 基礎・基本を身につける！日常スキル30

分に長くなることだけではなく，教科担任によって，授業時間の始まりから終わりまでの使い方に差が生まれるというズレを指します。ある教師は休み時間のうちから教室に入り，チャイムと同時に授業を始める。またある教師はチャイムを無視して授業を続ける。こうした時間感覚のズレが，少なからず生徒のチャイム着席に影響を与えます。

チャイム着席を守らせるには，まず教師自身が時間に敏感であることが求められます。あなたは職員打ち合わせが終わったら，すぐに教室に行きますか。また，あなたは授業が終わるたびに職員室に戻って，チャイムが鳴ってから教室へ移動していませんか。時間に鈍感な教師に限ってチャイムを無視して授業を進めたり，ダラダラと残業したりする傾向にあるはずです。

2 休み時間に笑顔で子どもと語る

頭ごなしに厳しく指導するよりも，笑顔で和やかにチャイム着席を促した方が生徒たちも素直に従うはずです。教師は休み時間には生徒たちと笑顔で歓談し，3分前には「はい，時間だよ～」と促します。生活委員や生活係にも声かけしているうちに，教師が直接言わなくても彼らが他の生徒にチャイム着席を促すようになります。冒頭の状況とどちらが雰囲気よく，時間を効率的に使っているかは明らかでしょう。ただし，それでも統制がとれない場合は教師たちがチームとなって時間に厳しく指導することを怖れてはいけません。

（山下　幸）

第1章●基礎・基本を身につける！ 日常スキル30

チャイム着席

　中学校の場合，授業の1単位時間は50分であり，休み時間は10分であるところがほとんどでしょう。この50分間を最大限有効に使うにはチャイム着席が求められるはずです。ところが，時間意識に欠ける子どもたちが最近多く見られがちです。授業道具の準備や後片付けもままならず，休み時間のほとんどをおしゃべりに費やす。そんな状態を抜け出すためには，いくつかの手立てが考えられます。

バリエーション豊富な生徒同士の声かけ

　生徒同士が声をかけ合って，チャイム着席が守れるようになるのが理想的な姿です。この声かけも「点検」を伴う厳しいものから，「運動」のような温かいものまでバリエーションは豊富です。ただし，初期段階では生徒会や学年委員会，学級の班・係活動と連携をとりながら子どもたちを動かしてみてはどうでしょう。

傾向と対策

1　生徒会・学年・学級組織を洗い出す

　1年生を担任する場合，生徒会や学年・学級組織の守備範囲を明確にするところから始めたいものです。例えば，生活委員会はどこの学校にも存在する生徒会の専門委員会

の一つのはずです。この委員会を有効に使いながらチャイム着席を促すために，次の段階で取り組んでみましょう。

まず最初に，生活委員会の担当教師とチャイム着席点検の確認をします。子どもたちの実態とそれに伴う点検活動について，いつ頃に実施するか，どのぐらいの頻度で行うか，点検の基準はどうなっているかなどを確認しておくと良いでしょう。次いで，学年の生活係担当者と確認をします。生徒会活動との連動を心がけながら，学年としてチャイム着席の取り組み方をパターン化します。声かけのタイミングや点検の基準も統一した方が良いでしょう。最後に，学級の生活係の活動にチャイム着席の声かけや点検活動を取り入れます。できれば，学年統一で学級の係活動に取り入れた方が，その後の運営に支障を来しません。

以上の段階を踏まえることで，生徒の自治的活動の一環としてチャイム着席の取り組みが明確になります。

2 スローガンはわかりやすい合い言葉で

声かけも点検も，子どもたちがわかりやすく納得する方法を取り入れること，マンネリに陥らないようにすることが大切です。そのためには，スローガンをわかりやすく合い言葉風に取り入れることをオススメします。私の勤務校では「3→2→1運動」と呼んでいます。「3分前教室入室→2分前自席着席→1分前授業準備完了」というわけです。目指すのは，人に呼びかけられなくても，自分で時間を見ながら整然と着席できるようにすることです。

(山下　幸)

第1章●基礎・基本を身につける！ 日常スキル30

遅刻

学校生活における一日の始まりには学級の生徒全員に揃っていてほしいものです。通院などで事前連絡があれば良いのですが，5～10分程度のちょっとした遅刻についてはなんとか改善させ，生徒に時間を意識した生活を送らせたいものです。

「家庭で指導すべきこと」と言えばそれまでですが，学校でもできることはないか考えてみる必要があります。

遅刻の原因

私たちが指導に苦慮するのは，朝寝坊してしまった，悪天候のせいで登校に時間がかかってしまったなど，悪気のない「チョイ遅刻」です。このような遅刻も最初の数回なら笑って許せるものです。しかし，この手の遅刻は特定の生徒が常習化してくる傾向があり，少しずつ手を焼くようになっていきます。

傾向と対策

1 周知する登校時間を5分早める

学校で決めている正しい登校時間より5分早い時間に登校するよう，年度初めに，それもできれば1年生のときに決めてしまいましょう。

第1章　基礎・基本を身につける！　日常スキル30

例えば学校で定めている登校時間が8：30だとします。この場合，生徒へ指導する登校時間を8：25にしてしまうのです。しかも8：25までに荷物や上着の整理をし，着席するように指導します。こうすると，5分以内の遅刻をした生徒も正規の登校時間である8：30には間に合ってしまうのです。

そもそもこの手の遅刻をする生徒は悪気があるわけではなく，ギリギリにならないと動かないタイプの子が多いわけですから，ギリギリの時間自体を早めてしまえば，結果的に余裕をもって行動するようになるのです。もちろんこのことは年度当初の学級懇談会などで保護者に周知し，理解と協力を取り付けます。可能であれば学年，学校単位で共通して取り組むと，より効果が高まります。

2 静かな雰囲気で遅刻を気まずくさせる

多くの学校で朝読書が行われていると思いますが，これを登校時間直後に行い，学級に静かな雰囲気をつくります。静まり返った空間に入るのは誰でも気まずいものです。静かな空間の雰囲気を壊すという気まずい思いをさせるだけでも遅刻の抑止力としては十分に機能します。

学校事情で難しい場合には朝学習プリントでも構いません。いずれにしても登校時間後すぐに教室に静かな雰囲気をつくってみることです。この時間にできあがった雰囲気のおかげで朝の学活にも話を聞く雰囲気ができ，まさに一石二鳥です。

（髙橋　和寛）

第1章●基礎・基本を身につける！ 日常スキル30

遅刻

　多くの場合，遅刻への指導は教師にとって一日の最初に行わねばならない指導となります。一方，生徒にとっても最初に受ける指導となることが多いでしょう。

　また遅刻する生徒が固定化しているような場合には，教師側も生徒側も「朝から説教かよ……」とうんざりしてしまいます。

　お互いに気持ちよく一日を始められ，かつきちんと指導の効果もある。こんな方法はないものでしょうか。

遅刻を繰り返す生徒の特徴

　怠学傾向や不登校傾向による遅刻を除けば，多くの場合，遅刻は時間に対するだらしなさが原因です。しかしそれほど悪気があるわけではなく，教師が指導すれば生徒もその場はきちんと謝るものです。ところが，次の日の朝には懲りずに同じことを繰り返してしまいます。

傾向と対策

1 面白い言い訳を考えさせる

　遅刻を改善するには，朝起きたとき，「今朝はちょっと早めに行動しなければ」という意識を生徒にもたせられるかどうかが鍵になります。そこで次の日まで記憶に残るよ

うな，それでいて朝から教師と生徒の双方が不快にならないような指導を用意するのです。

　例えばこんな感じです。遅刻常習生徒（お調子者タイプがベストです）がいつものように遅れて教室に入ってきて，いつものように遅刻の理由を述べます。そこで教師はすかさず「もういつもの理由は聞き飽きたから，教室中がくすっと笑うような面白い理由じゃないと今日の遅刻は許せないな～」などと応答します。すると遅刻した生徒は自分なりに面白い言い訳を考えて披露します。言い訳が面白くても面白くなくても，教師は「今日は学級の２割が笑ったから20点。次回遅刻したら自己最高記録を更新してもらうことにしよう」などと言い，すぐに席に座らせてしまうのです。これだと朝からお互いに不愉快になるどころか，朝の学級の雰囲気を温める効果すらあります。お調子者であれば，このやりとりで学級の笑いをとるために悪い気はせず，かつ次の日の朝まで記憶に残ることでしょう。仮にまた遅刻しても，学級の温かい雰囲気づくりに再び貢献してくれます。

2　笑顔で対応する

　教師側が笑顔で対応するのも重要なポイントです。楽しい雰囲気にできるかどうかはここにかかっています。嫌みっぽくならず，しかし決して遅刻を許してはいないということが，遅刻した生徒にもやりとりを見ている周囲の生徒にも伝わるようにしましょう。

（髙橋　和寛）

第1章●基礎・基本を身につける！ 日常スキル30

朝読書・朝自習

　一日の始まりが朝読書や朝自習という学校は少なくないでしょう。4月当初はしっかりと取り組んでいた生徒たちが，次第に緩み始める。そんな光景も珍しくありません。

「宿題をする時間じゃないぞ」

「本を出しなさい」

　本に親しむ，または基礎的学力の定着といった直接的なねらいの他に，落ち着いた時間から一日が始まるという効果もあったはずなのに，教師の怒鳴り声で台無しに。日々，もぐら叩きのような指導に陥らないために，事前に手立てを打つ必要があります。

朝読書と朝自習の違い

　朝読書と朝自習はともに朝の短い時間を利用して行う取り組みです。しかし，両者には差異もあります。朝読書が静寂の中で行われるのに対し，朝自習の場合はその目的によって生徒同士の交流が必要なことがあるのです。

傾向と対策

1 最初の1ヶ月間で例外なく指導する

　朝読書や朝自習が定着しない原因の多くは最初の一人，最初の一回を見逃してしまうことにあります。朝読書や朝

第1章 基礎・基本を身につける！ 日常スキル30

自習の時間を教師の準備時間に当ててしまうと，この最初の一回を見逃すことになります。

その時間は，教師も読書するなり，わからない生徒の指導に当たるなりしましょう。たとえ，読書していても意識は生徒の側に置いておく必要があります。本を開いていない生徒はいないか，違うことをしている生徒はいないか，取り組んでいるようには見えるものの，実は上の空になっている生徒はいないか。こういった観察が未然に対応する手がかりとなります。

2 遅刻してきたときの動きを事前に確認する

朝読書や朝自習の開始後に，遅刻して登校する生徒の対応は，静寂を守るうえで重要です。いきなり，教室に入ってきてしまってはせっかくの雰囲気が台無しです。こういった小さな波紋が集団の雰囲気に大きな影響を与えます。

そこで，遅刻した生徒が直接入ってこないように年度当初に確認しましょう。可能であれば，朝読書の時間は廊下に副担任の先生にいていただくのが良いでしょう。それが難しい場合は，遅刻してきた生徒は教室の入り口付近で担任に合図を送るよう指導します。気づいた担任は，廊下で該当生徒の遅刻対応をし，静かに入ることを確認して教室に入れます。朝読書は10分程度ですから，本来であれば，廊下で待たせておく方が秩序を守るうえでは効果的です。しかし，今のご時世においては，その後のクレーム対応など少々リスクがあります。

（渡部　陽介）

第1章●基礎・基本を身につける！ 日常スキル30

朝読書・朝自習 ソフト編

　一見，静かに朝読書や朝自習に取り組んでいるクラスがあります。でも，よく見ると本を読まずに，机に突っ伏している者，その日の宿題に勤しんでいる者。

　そんな生徒が学級に一人いれば，それがいつしか二人，三人と徐々に増えていき，集団の秩序は失われていきます。

　その一人を生み出さないように，いかに注意を払うかが重要です。

取り組まない生徒の理由

　朝読書の場合は，読むべき本がない。朝自習の場合は，自力で問題が解けない。もちろん，それ以外にもいくつかの理由が考えられます。大切なことは，一人ひとりの理由に合った対処方法を考えるということです。ただ，やみくもに強要してうまくいくものではありません。

傾向と対策

1 生徒に合った取り組むものを準備する

　本を読まない生徒には興味をもつような本を準備しましょう。例えば，部活動に加入している生徒にはその活動を題材にした小説や新書。ゲーム好きな生徒には，プロゲーマーが書いた新書などなど。そういった本を学校の図書館

や古本屋などを利用して準備します。そういった本は意外に次年度以降にも再利用でき，財産になります。

ただ，注意しなければならないのはその内容です。特に，小説には性的な表現を含んでいるものがあります。大人にとっては特に意識しないような内容であっても中学生には刺激的なこともあります。教師が用意するものですから，そういった本は避けるのが賢明です。

朝自習は，朝読書に比べると，少々問題は複雑です。例えば，漢字や英単語といった内容であれば，学力低位の生徒でも取り組めます。しかし，学力上位の生徒にとっては時間をもてあましがちです。かといって，数学の計算問題になると，学力低位の生徒には自力で取り組むことが困難になります。

取り組みのねらいが基礎学力の定着とともに，落ち着いた時間を過ごすことから一日を始めることであれば，レベルに応じた課題を用意するべきでしょう。

2 目的を明確にしてやる気を喚起する

朝自習には，朝読書にはない利点があります。それは，生徒同士が互いに教え合うコミュニケーションの機会にできるということです。例えば，朝自習の成果をテストして，班ごとの平均点で競わせるなどの仕掛けをつくることで，生徒は自然に教え合ったり，問題を出し合ったりします。実は，学力低位の生徒が，前向きに学習することほど，全体の学習意欲を喚起する方法はありません。

（渡部　陽介）

第1章●基礎・基本を身につける！ 日常スキル30

朝の挨拶・返事 ハード編

　朝学活はどの学級においても挨拶から始まります。しかし，年度当初はものすごく大きな声で清々しい挨拶ができていたのに，次第に声が出なくなり，最悪の場合には挨拶をしているのかさえ判断できない状況になっているなんてこともあり得ます。返事に関しても同様です。まずは教師自身が挨拶や返事の意義をどう捉えるかが重要です。

挨拶や返事の意義

　挨拶と返事に共通していることは，身体から「声」を発することです。合唱がそうであるように，声を発することにはそのときの気持ちやその場の環境が大きく反映します。歌に自信があり，歌う環境に安心し，楽しい気持ちであれば表情よく大きな声で歌えますが，音程に自信がなかったり，周りの目を気にしなければならない精神状態であれば表情よく良い声なんて出せません。挨拶や返事にもそのような側面があります。

傾向と対策

1　一つ一つの生徒の動作完了を見届ける

　号令が「起立」と声をかけ，「おはようございます」と第一声を発するまでの時間感覚を意識していますか。挨拶

第1章 基礎・基本を身につける！ 日常スキル30

を終えてから着席するまではどうでしょうか。全員が起立していないのに挨拶が始まっている。ひどい場合，数人が起立さえしていないのに挨拶が終わっている状況も見られます。

　全員が起立しているか。「おはようございます」の号令から教師が挨拶を返すまできちんと起立できているか。また，教師が挨拶を返している途中で着席していないかなど，全員の一挙手一投足までこだわって見届けることが大切です。細かすぎではないかと思われるかもしれませんが，放っておくと学級が崩壊する一因になってしまいかねないのです。

2 返事の声から生徒の気持ちを読み取ろうとする

　朝学活の目的は何でしょう。一日の動きを確認するとか，提出物を回収するなど，やらなければならないことがたくさんありますが，必ず行っておきたいのが生徒一人ひとりの体調の把握です。体調把握の方法の一つとして，生徒の「声」を聞くという方法があります。

　ですから毎朝必ず生徒一人ひとりの名前を呼んで出席確認をします。その返事には元気でハキハキとした声や，蚊の鳴くような細い声の子もいます。前者が必ずしも良いわけではありません。それぞれの子の返事に変化はないか。体調に問題はないか。変化を感じたときにはひと声をかけたり，気になっていることと重なれば臨時の教育相談へとつなげたりすることもできます。まずは全員の朝の「声」を聞いてみることが大切です。　　　　　　　（友利　真一）

第1章●基礎・基本を身につける！ 日常スキル30

8 朝の挨拶・返事 ソフト編

　朝学活は挨拶から始まり，出欠を確認後，教師から連絡があり，一日の動きを確認する。教室には様々な生徒が存在しますが，小学校6年間，担任が替わっても同じことが行われることは生徒の頭の中に入っています。しかし，挨拶や返事をきちんとしてきたかと生徒に問えば，どのような返答が返ってくるでしょうか。「声が小さい」「姿勢が悪い」「気持ちがこもってない」どれも怒られた（指導された）経験ばかりを答えるケースが多いのが現実です。

中学生と挨拶・返事

　幼稚園児や小学校低学年の朝の挨拶や返事はとても元気で気持ちの良い発声です。しかし，年齢が上がるにつれて人前で声を出すことに抵抗を覚えたり，恥ずかしいと感じたりするのも成長過程では大切なことです。大きな声でハキハキと挨拶ができる子とそうでない子，真面目にやることを格好悪いと感じる子が混在することを現実として受け止めることが大切です。

傾向と対策

1 スモールステップで挨拶の形をつくる

　挨拶が上手にできない生徒にとっては，自分の席から立

って前を向く，声を出す，頭を下げる，前を向いてから席に着くという四つのハードルがあると考えます。ですから，まずは起立の号令で立つこと，挨拶をする前の形をつくることから始めます。四つのハードルを一度に求めるのではなく，実態に応じて週や月単位で徐々にステップアップさせます。以下に①～④のステップを示します。

①全員が起立して，挨拶を始める前に正面を向く。

②声を出して挨拶する。

③声を出して挨拶した後，頭を下げる。

④前を向いて教師と挨拶を交わし終えてから座る。

その後はできてないステップを検証します。しかし，声を出すことが苦手な者もいます。そうした場合には，声も大事ではあるけれども，「笑顔で挨拶」することも大事だという声かけをすると，声を出せる生徒の方も笑顔で挨拶しようと努めるようになります。

2 返事の出来に目を向けず，声かけの手段とする

みんなの前で返事をすることは意外にも緊張感を伴います。上手に返事ができない子や，照れ隠しでふざけた返事をする子もいます。そのような子には「今日は昨日よりはっきりと聞こえました」とか，「昨日の方が声に張りがあったな。何かあったかな」などと，気になる生徒に対して教師がつぶやき程度で声かけをします。

教師は良い返事をさせることに重きを置く傾向があります。しかし，生徒一人ひとりに声をかけることに重きを置き，返事を受け止めることが大切です。　　　（友利　真一）

第1章●基礎・基本を身につける！ 日常スキル30

プリント配付

　配付するプリントがないという日はほとんどありません。特に意識することなく，ただ配付していても，それほど困ることはない，という現実もあります。

　とはいえ，みなさんは提出物がなかなか出なくてイライラするとか，配付したプリントのはずなのに後になって保護者に渡っていないことがわかったなどということがありませんか？

　ちょっとした工夫でそうしたことは避けられるのです。

プリントの種類

　プリントには２種類があります。

　配付しっ放しのプリントと，後に回収が必要なプリントとです。前者は特に意識することなく配付してもほとんど問題は起こりませんが，後者はそうはいきません。後に担任が困ることになるのはほとんどが後者です。

傾向と対策

1 事前に要所を確認する

　提出の必要なプリントには，保護者が申し込みの意思を表せば良いだけのものと，料金徴収がからんで捺印が必要なものとがあります。

配付する時点で次のような手立てをとります。

前者については、最も重要な内容（例えば遠足の日程や徴収金額というような）と提出締切日とを、赤または蛍光ペンなどでマーキングさせます。生徒が保護者に渡せば一目瞭然というプリントへと加工するわけです。

後者の場合には、それだけでなく、右上に「判子」と赤で書かせます。黒板に「判子」と書いて、学力低位の生徒でも確実に書けるようにします。

2 余ったプリントを入れる籠を用意する

教室に余ったプリントを入れる籠を用意します。Ａ４判が入るような100円ショップで売っている籠で十分です。できれば一つは青、もう一つは緑のように色違いにしておくと便利でしょう。

例えば、教師がプリントを配付します。プリントは多くの場合、学級の人数よりも２、３枚多くあるものです。その余ったプリントを１枚だけ青い籠に入れ、その他は緑の籠に入れます。そして、「プリントを失くした場合、緑の籠からは自由に持って行っても良いけれど、青い籠だけは生徒は絶対に触ってはいけない」と指示します。

こうしておくと、後に生徒がプリントを失くしたという場合でも、コピーする原版が教室内にあるという状態を確保できます。周りの先生に「あのプリントありませんか」などと訊き回ったり、担当者に確認して原版をもらったりといったことをしなくて済むわけです。

（堀　裕嗣）

第1章●基礎・基本を身につける！ 日常スキル30

プリント配付

学級に特別な支援を要する子が増えてきています。普通に配付していたのでは，プリントを加工するどころか，鞄にちゃんとしまうことすらままならない……そんな子どもたちが増えているわけです。

「中学生だから……」

「3年生なんだから……」

確かにその通りですが，できない子がいる場合には，1年生の年度当初にとるような手法をとり続けることも必要なのです。

複数のプリントの配付

朝・帰りの学活で配付するプリントが1枚だけという日はほとんどありません。連絡がある場合，すべて配ってから連絡しようとすると，支援を要する子が対応できなくなります。

傾向と対策

1 一時一事の原則を貫く

複数のプリントを配るときに，すべて配ってから「〇〇のプリント見て」と言って確認するのと，1枚配っては「はい。それでは，いまのプリントを見てください」と確

認するのとでは、支援を要する子にとっては天と地ほどの違いがあります。

　１枚配付する。「プリントの〇〇というところを見てください」と言って、生徒たちがプリントを見ているかどうかを確認する。「では、赤ペンを出してください」と言って、赤ペンを出したことを確認する。「一番下に〇月〇日までに学級担任に提出してくださいっていう文があるから見つけて」と言って、見つけたかどうかを確認する。「では、その部分を赤で囲みます」と指示して、囲みが完了しているかどうかを確認する。最後に、隣の子に「〇〇くんがちゃんとできているか確認してくれる？」と頼んだり、全員に「隣の人と見比べて、お互いにちゃんとできてるかどうか確認し合ってください」などと言って念を押す。ここまでやって、やっと次のプリントを配付する。

　このくらいの丁寧さが必要なのです。

　小学校低学年みたい……と思うかもしれませんが、こうした丁寧な指導ができる教師が中学校にはほとんどいないのです。それが中学校で、支援を要する子が二次障がいへと進んでしまう一番の原因なのです。

２　保護者への連絡を怠らない

　支援を要する子には、提出日までに提出されなかった場合に、他の生徒のように「明日ね」で済ませないことが大切です。保護者に一報を入れて、プリントが渡っているか、いつ持ってこられそうかを確認しましょう。

（堀　　裕嗣）

第1章●基礎・基本を身につける！ 日常スキル30

提出物回収

　プリント配付とともに，毎日のようにあるのが提出物の回収です。プリントを配付するのであれば全員に一斉に配付するだけですが，提出物の回収となると締切日が設定され，毎日何人かずつ提出されるというのが常です。

　明日が締切日という日の帰りの学活では，「Ａくん，Ｂくん，Ｃさん，明日締切だから持ってきてね」と声をかけることが必要となります。その意味で，誰が提出していて誰が提出していないのか，学級担任としてはこれを毎日把握することが必要となります。

提出者・未提出者の把握

　朝の学活で生徒たちにただ提出させてしまうと，提出物のチェックを朝学活直後の時間にすることになります。しかし，朝学活後は連絡なく欠席・遅刻した生徒への電話連絡，１校時の授業準備で忙しいものです。結局，空き時間を浸食することになります。そうならないように，朝学活のなかで提出物のチェックをしてしまいたいものです。

傾向と対策

　提出物の提出者・未提出者が一覧できるように，名簿にチェックするということは誰もがしています。

第1章 基礎・基本を身につける！ 日常スキル30

　そのチェックを朝学活中に終わらせるためには，次の二つに取り組むと良いでしょう。

　①一度に一種類の提出物を集める。

　②提出時に一人ひとりに名前を言わせる。

　「まずは○○を集めますよ。持ってきている人は提出してくださ～い」と同じ提出物だけを集め，それが終わってから次の提出物へ，と集める提出物を種類毎に分けるわけです。しかも，提出する際には，生徒たちが「渡部です」「長尾です」「山下です」のように，名前を言いながら提出物を教卓に置いていきます。担任は名簿にチェックしていくことに集中できるわけです。

　私は長らく，朝学活が５分という学校に勤めていますが，朝学活中に提出物回収が終わらなかったということがありません。

（堀　　裕嗣）

第1章●基礎・基本を身につける！日常スキル30

提出物回収

　提出物の回収は係活動と連動させると，より効率的でもあり，より効果的でもあります。

提出物の種類

　提出物には生徒会関係，学習関係，生活関係，文化関係，保健関係，給食関係，その他とありますが，それぞれの回収を各班の係生徒が担うわけです。

傾向と対策

1 生活班に各係が所属する

　例えば，私の学級であれば，各生活班は6人構成。総務係（＝班長），生活係，文化係，保体係，学習係2名で構成されています。

　提出物の9割は生徒たち全員が一斉に提出しなければならない，というものです。例えば，国語の学習プリントであれば，各班の学習係が6人分を集めて，班名簿にチェックします。それを国語の教科連絡係に名簿とともに提出します。学級分集まったところで，それを国語係が教科担任に提出していく。こうした流れです。班に欠席者がいた場合，また未提出の班員がいた場合には，その旨を教科連絡係に伝えます。生活関係の提出物は生活係が，保健・給食

関係の提出物は保体係が同じように集めて、学級の生活委員や保体委員に渡すという流れをつくれば、各班の係活動の仕事として機能します。また、生徒会関係その他の提出物については、班長から学級代表へという流れにします。

2 前日の帰り学活で連絡しておく

こうした提出物回収の流れをつくるためには、毎日、帰りの学活で、明日の朝の提出物が何であり、誰が集めるのかということを担任が確認する必要があります。また、朝学活に担任が来る以前に回収を済ませておくというルールを確認することも必要です。特に年度当初にはしつこく確認しなくてはなりません。

3 個人情報や行事関係に関する提出物は担任が集める

係活動として提出物回収を機能させるといっても、アレルギー調査や健康調査といった個人情報に関する提出物や、参加・不参加をとるための保護者の署名捺印を要する提出物まで生徒任せというわけにはいきません。

生徒活動の一部として提出物回収を位置づけるときには、学級担任がこうした「提出物の質の違い」をよく認識しておくことが必要になります。このように言うと、もしかしたら読者のみなさんは、「そんなの面倒だから自分で集めた方が良いや」と思うかもしれません。しかし、提出物回収などという単純な作業でも、生徒たちはそれなりに考え、少しずつ回収の仕方が上手くなっていくものです。生徒たちの成長機会の一つと捉えましょう。

（堀　裕嗣）

第1章●基礎・基本を身につける! 日常スキル30

連絡事項

朝学活には必ずと言って良いほど生徒たちへの連絡があるものです。多くの生徒たちは連絡すれば対応できますが,そうでない生徒たちもいるのが現実です。

連絡漏れがないように気をつけることはもちろん,生徒たちがスムーズに動けるように連絡事項を確実に連絡するということが大切です。

連絡事項の種類

連絡事項には,学級全体に周知しなければならない連絡と,一部の生徒にのみ確認すれば良いという連絡とがあります。例えば,学年集会のために5校時終了5分後に廊下整列というような連絡は前者ですし,今日の放課後に臨時生活常任委員会があるというような連絡は後者です。

傾向と対策

1 全体周知の連絡は漏れても対応できる

全体に周知させる連絡というものは,実は,たとえ連絡漏れがあったとしても,その後に対応できることが多いものです。5校時終了5分後に廊下整列という場合,給食時間に改めて確認することもできますし,5校時終了後に担任が学級で指示すれば事なきを得ます。ということは,朝

学活の段階では、連絡漏れなく、丁寧に連絡することを心がければ良いということでもあります。

2 一部の生徒への連絡は確実に行う

ところが、一部の生徒への連絡、特に生徒会活動の委員会の連絡などは、担任も一度連絡してしまえばあとは生徒本人に任せてしまうということになりがちです。他の教師や生徒から、「○○くんがサボりました」と言われて初めて連絡が通っていなかったことに気づく、などということにもなりがちです。

例えば、次の三つの連絡方法を比較してみましょう。

A：今日の放課後、臨時の生活委員会があります。清掃終了後、4時に第一多目的室です。

B：生活委員手を挙げて。（生活委員が挙手し、こちらを向いたことを確認して）今日の放課後、臨時の生活委員会があります。清掃終了後、4時に第一多目的室です。

C：生活委員の高村くんと高橋さん。（二人がこちらを向いたのを確認して）今日の放課後、臨時の生活委員会があります。清掃終了後、4時に第一多目的室です。

言うまでもないことですが、AよりB、BよりCの方が連絡の仕方としては丁寧であり、確実です。1年生はもちろん、2・3年生でも学級編成直後の意図実態を把握していない年度当初などは、C型で連絡することが確実かもしれません。

（堀　裕嗣）

第1章●基礎・基本を身につける！ 日常スキル30

連絡事項

　連絡事項は確実に連絡するということだけを目的にして良いものでしょうか。教育活動である以上，生徒たちの成長を保障することにつながらなければ，「教師が教師のために行う連絡」ということになりかねません。

連絡の機能

　前頁の連絡A〜Cをもう一度読み直してみてください。
　果たして，AよりもB，BよりもCという確実性の高さは，生徒の成長の保障と比例しているでしょうか。実は，AよりもB，BよりもCの方が生徒たちの成長機会を奪う形になってはいないでしょうか。自主自立，自治を目指す生徒会活動の理念から言えば，CよりもB，BよりもAで確実に動ける生徒の方が力量の高い生徒と言えます。教師の丁寧すぎる指導が，生徒の自主性・自立性，学級の自治の機会を奪っているかもしれないのです。

傾向と対策

1 「連絡」の二重構造を理解する

　連絡の目的は言うまでもなく，連絡内容を確実に伝えることにあります。その意味では，情報の伝達が目的であって，どう伝えるかは手段となります。しかし，いかなる活

動であれ，それが学校教育において行われるならば，目的は生徒たちを育てること，成長させることであって，連絡内容の伝達それ自体が手段となります。この二重構造を教師は常に意識しなければなりません。

2 一部生徒への連絡は日直に連絡させる

朝学活前に日直が職員室に来て，一日の打ち合わせをするというシステムを敷いている教師は多いはずです。私は一部生徒への連絡は，この打ち合わせ時に日直に連絡してもらうことにしています。

例えば，昼休みに「そういえば，今日，放課後に生活委員会あるの聞いた？」などと確認することによって，生活委員の生徒たちとコミュニケーションする機会をつくることができます。「先生は内容は聞いてないんだけど，何だろうね」などと訊くと，生活委員の生徒は「今日は来月の目標を決めるんだと思います」などと答えます。その生徒がどの程度，自分の仕事を把握しているかと評価する場面をつくることにもつながるわけです。

また，日直から連絡を受けて，「めんどくせえ～」などという言葉が思わず口をついてしまう生徒もいます。それをたしなめて，「本来言うべき言葉は？」と問いかけ，「いやな思いをさせてごめん。連絡してくれてありがとう」などと言わせる，そんな小さな指導場面などもつくれるものです。時宜を捉えた指導をさりげなく行うチャンスさえ生まれるのです。

（堀　　裕嗣）

第1章●基礎・基本を身につける！ 日常スキル30
15 忘れ物

　忘れ物は，うっかりミスを代表するものの一つです。大人・子どもを問わず，誰もがこの失敗をしたことがあるでしょう。生徒が忘れ物をしたとき，「先生も忘れ物をしたことがあるから」と言って，簡単な指導で終わらせてしまう場面を見かけることがあります。しかし，このような指導ばかりを続けていると，生徒たちの中に「忘れ物をしても良いんだ」という意識を植えつけることになります。

　忘れ物は，「忘れ物の種類」や「忘れ物の頻度」によって，相手の信頼を失う場合があります。中学生の段階で，忘れ物に対する意識を高めていく必要があります。

忘れ物の種類

　忘れ物は，授業道具（教科書・ノート・ワーク等）と提出物（保護者や生徒本人の意思確認が必要なプリント・各教科の宿題等）に大きく分けることができます。

傾向と対策

1 授業道具を忘れた生徒への対応

　まずは，教師が生徒の忘れ物の状況を把握する必要があります。誰が忘れ物をしたのかを知らなければその後の指導ができません。忘れ物の状況を把握する方法としては，

第1章 基礎・基本を身につける！ 日常スキル30

授業に入る前に挙手制で確認する方法や，授業振り返りシートに忘れ物の有無を記入させる方法が考えられます。

次に，忘れ物をした生徒への指導ですが，年度最初および２回目の忘れ物については，啓発的な指導を心がけましょう。「次は，忘れないんだよ」などの声かけを行い，忘れ物に注意を促します。３回目以降および連続的な授業道具忘れについては，教師の秘書係に任命します。要するに，先生の言うことを何でも聞く係です。回収していた課題の配付をお願いしたり，教科連絡係の仕事の補助を頼んだり等，自分の教科に関わる仕事をさせながら，「明日は理科がある」といった教科に対する意識を高めていきます。

2 提出物を忘れた生徒への対応

提出物には，重要性が高いものと低いものがあります（低いからといって蔑ろにして良いものではありません）。

重要性が高いものとは，「提出しないことによって，自分（生徒）以外の誰かに迷惑がかかるもの」です。提出締切日に忘れた生徒については，学年で確認のうえで再登校を促し「遅れてはいけない」という意識をもたせましょう。

重要性が低いものとは，「提出しないことによって，自分（生徒）だけが困るもの」です。授業の宿題などがこれに該当します。この場合は，生徒に「提出されていないけどいいの」と教師から声をかけ，いつまでに出せるかを生徒と約束しましょう。あとは，「約束したよね」と声をかけながら見守っていきましょう。

（新里　和也）

忘れ物／ハード編

第1章●基礎・基本を身につける！ 日常スキル30

忘れ物

　中学生は失敗して当たり前，失敗から学ぶことが仕事です。しかし，失敗も繰り返されるといずれ習慣化します。忘れ物は，その代表例の一つです。

　学級開きから1ヶ月もすれば，教師は，「この子は忘れ物が多いな」ということに気づきます。「この子はだらしないから仕方がない」「提出物は自己責任だ」などといって生徒にその原因を押し付けるのは簡単です。しかし，私たち教師の工夫で防げる忘れ物もあるはずです。

忘れ物をする原因

　忘れ物の原因は，いたってシンプルです。それは，「いつまでに何をどのような形で提出しなければならないか」といったことが生徒に認識されていないからです。この点をクリアできるような対策を講じる必要があります。

傾向と対策

1　いつまでに何を提出するのかを明確にする

　保護者の意思確認プリントなどの回収物の場合は，プリント配付時に重要な部分に線を引かせるなどの工夫をする必要があります（「プリント配付【ソフト編】」（p.26）参照）。

　また，プリント配付後，学級の黒板やホワイトボードに

「提出物名」・「締切日」・「学級全員の名前」が書かれた「提出状況確認シート」を貼り出します（右図参照）。これによって，常に提出物が生徒の目にふれるようにするのです。仮に，保護者の印鑑等が必要な場合は，このシートに「印鑑忘れない！！」など赤字で明記

```
『進路希望調査』
    7/15まで
○○    □□
△△    ☆☆
○○    □□
△△    ☆☆
```
提出状況確認シート例

すると効果的でしょう。なお，このシートは，年度当初にワード等で書式を作っておけば印刷してすぐに使用できます。

2 提出状況の視覚化

「提出状況確認シート」は，提出物の提出が完了した生徒から名前を消していきます。こうすることで，提出していない生徒が何人いるのかが一目で確認できます。また，生徒たちも提出物を意識しやすくなります。

3 「To Do リスト」を活用する

私の勤務校では，学校全体の取り組みとして「To Do リスト」（Ａ４両面印刷の用紙）を生徒全員に配付しています。このリストは，折りたたむことで常に携帯することができ，メモが必要な際には，すぐに書き込むことができます。忘れ物が習慣化している生徒は，メモをとる習慣がない傾向にあります。メモをとることができる環境を整えることで，生徒の意識を高めることができます。

（新里　和也）

第1章●基礎・基本を身につける！ 日常スキル30

連絡なし欠席

　4月，学級を受け持って心がけることの一つに，全員が出席している状態を確認・維持することが挙げられます。平成27年度学校基本調査においては，不登校を理由とする欠席者は36人に1人という数値が示され，大きな問題となっています。担任はもちろん，学級に所属する生徒一人ひとりにとっても，教室に毎日，学級全員が揃っていることは一つの安心感につながるはずです。

　ただし，全員出席が難しい場合もあるでしょう。特に，連絡なしの欠席に関しては初期対応が求められます。

ジグソーパズルを完成させる意味を伝える

　当たり前のことですが，生徒なくして教師という職業は成り立ちません。また，生徒が一人だけという教室も存在しません。多様な人間が集まり，様々な関係によって集団が形成されます。一人でも欠けると学級というジグソーパズルが成り立たない意味を伝えたいものです。

傾向と対策

1　欠席に関わる周辺観察を徹底する

　1年生を担任する場合，小学校段階での欠席数の把握を怠ってはいけません。学習指導要録の点検はもちろん，小

学校の担任教師からも休みがちな生徒の欠席理由やその様子を丁寧に聞き取りましょう。

学級びらきにあたっては，休みがちな生徒の観察を欠かさないようにします。教師の言葉一つ一つにどういった反応を見せるか，表情に硬さはないか，話せる友達はいるか，彼の取り巻きはどんな様子かなど，あらかじめ観察の視点を設定しておくと良いでしょう。つまり，その生徒がいつ欠席しても慌てずに対応できる状態を，担任は事前につくっておくことが大切なわけです。

2 保護者を安心へと導く

連絡なし欠席が続くには，背景にその生徒なりの理由が存在するはずです。とりわけ，家庭環境や保護者の意識が影響することは間違いありません。保護者としては子どもの欠席を心配しているのか，あるいは仕方ないと諦めているのかを丁寧に探りたいところです。なかには保護者自身が問題を抱えているケースも見られます。しかし，どんな事情があっても，担任として連絡なし欠席を防ぐ策を提示しましょう。それによって保護者を安心へと導くわけです。

代表的なのは電話作戦です。一般的には，朝の会での出欠確認が終わってから職員室に戻って担任は電話をかけることでしょう。これを朝の会が始まる前や，朝の会の最中に携帯電話からかけてみる作戦を取り入れるのも有効です。その本人や保護者はもちろん，学級に所属する他の生徒への注意喚起にもつながるはずです。

(山下　幸)

第1章●基礎・基本を身につける！ 日常スキル30

連絡なし欠席

朝の会で学級全員が揃わないと担任の仕事が一つ増えます。遅刻または欠席した生徒の家庭に電話をかけ，登校していないことを保護者に告げ，確認してもらうことになるからです。保護者がすでに仕事に出ている場合は確認に時間がかかることでしょう。また，保護者が在宅の場合でも生徒の登校しぶりの可能性などを探る必要があります。

これを防ぐには年度当初から登校時間を守らせることを徹底し，遅刻または欠席となった場合のルールやマナーを確認します。そして，日直と班長が遅刻者・欠席者に対応する一つの役割を担うこととなる意味を丁寧に教えます。

欠席を気にかける学級の雰囲気をつくる

朝の会の出欠確認で欠席者がいたときに，「どうして休んでいるの？」という声が自然と聞こえてくる雰囲気をつくりたいものです。

傾向と対策

1 日直の出席確認と状況確認

朝の会の一つに，日直の出席確認を取り入れます。

遅刻・欠席者が0で，全員が揃っている場合は，

「今日は全員出席です！」

と，教室中に響き渡るような声で全員に伝えることとします。また，一人でも遅刻か欠席がいる場合は，

「今日は○○くんがいません。理由わかる人いますか？」

と，これも全員に事実を伝え，理由を尋ねることとします。なぜなら，全員が揃わないことを気にする雰囲気を学級に醸成することが目的だからです。担任が口を開く前に，

「先生，○○くん，昨日から調子悪そうだったよ」

「先生，○○くん，朝，親に叱られてたよ」

「先生，○○くんどうしたの？」

といった言葉が飛び交う雰囲気づくりを目指します。

2 班長の遅刻・欠席対応

朝の会で上記のような雰囲気が見られたなら担任は他の生徒に理由を聞くことができるでしょう。プライバシーに配慮しつつ，全員が揃わないことの寂しさを伝えたいものです。単なる寝坊で朝の会の途中に登校した場合は，一度目は優しく，二度目は警告のイエローカード，三度目は厳しくレッドカード風に工夫して指導すれば良いだけです。

もし，登校しぶりをはじめとしたなんらかの"訳あり"で遅刻・欠席した場合は，その生徒が属する班長が対応します。朝の会での連絡事項や配付されたプリント管理，そして翌日の教科連絡まで，班長が責任をもって遅刻・欠席者に連絡することとします。何日も続く場合は，その役割を班員で分担しても良いこととしますが，班長の思いやりある声かけは随所に取り入れたいものです。

（山下　幸）

第1章●基礎・基本を身につける！ 日常スキル30

学級日誌

　学級日誌の記入は日直の大事な仕事なのに，一日が終わって担任に提出されてみると空欄がたくさん……。こんな残念な経験はどの先生にもあるはずです。学級日誌はその日の学級の漠然とした様子ではなく，その日起きた事件やドラマ，空気感まで呼び起こさせるような記録になっていると理想的です。

空欄の原因

　単純に各コーナーに何を書けば良いかが明確でないことがあります。4月の段階で手本を示すことが大切です。私は年度の最初に授業が行われる1日だけ，学級日誌をすべて記入して，具体的な書き方と具体例を生徒に示します。書き方がわかっていても，何を書けば良いか思いつかないという生徒もいますから，日直だけでなく周りの仲間に協力を求め，それに応えるよう伝えておきます。

傾向と対策

学級日誌に何を書かせるか

　日誌の内容は学級によって様々という学校もあると思いますが，できれば学年で統一されたものを使うと便利です。まず必要なのは，①日付・曜日・天気，②日直の名前，③

欠席・遅刻・早退者名，です。差し支えがなければ欠席者名の右に（　）で理由を，遅刻と早退は（　）にその時間を付け加えさせます。事前に連絡がきているものには朝学活前に伝え，突発的なものはその都度伝えて記入するところを担任は確認します。これは，生徒指導で生徒の行動を確認するために使うこともありますし，「もう一つの出席簿」としても利用できます。

④「授業評価」は，日直が授業終了後に教科担任からその授業の評価と理由を聞き，どちらも記入します。A,B,Cの3段階でも5段階評価でも良いでしょう。⑤「今日を振り返って」では日直の一日の感想を，⑥「みんなに伝えたいこと」では明日に向けて改善が必要と思われること，継続したら良いと思うことを書きます。時期によっては，学校祭や合唱コンクールのプロジェクトメンバーがその意気込みを書いて伝える場にも変身させます。私の場合，「イラスト de しりとり」というコーナーをつくって，日誌が生徒同士の横のつながりを深められるように工夫しています。

2 持っているだけで使える，楽しい日誌

表紙と裏表紙はカラーでポップなデザインにすると，それだけで楽しい気持ちになります。表紙だけはラミネート加工すると丈夫です。日誌には日課表，朝・帰り学活の司会要領，年間行事予定表，月間予定表，時間割などが挟み込まれます。移動先の教室でも大事な情報を手元の学級日誌で確認できるようにしています。　　　　　（高橋　美帆）

第1章●基礎・基本を身につける！　日常スキル30

学級日誌

「日直の仕事の一つだから……」と仕方なく書くのではなく，学級日誌を記入することで生徒が「楽しさ」や仲間とのつながりを感じられるようなシステムはないものでしょうか。単に，面倒な仕事だったと生徒に思わせないようにするための手立てがあるはずです。

学級日誌を書くことの意味

二人日直制の場合は，仕事を分担して効率性を求めることもありますが，学級日誌の記入だけはどちらかに任せきりにせず，二人で内容を確認・相談しながら記入してほしいものです。日誌を書くことは，自分の学級を中からでなく，外から客観視する機会になります。記入するための授業評価を教科担任から直接受け取る窓口であり，その日の出来事や気づいたことを言葉やイラストにすることで，学級の「今」を俯瞰できるという意味合いをもっているのです。

傾向と対策

1　学級日誌は大事な仕事と位置づける

学級日誌への記入はやってもやらなくても良い仕事という暗黙の了解ができてしまったら，空欄だらけでも生徒を

第1章　基礎・基本を身につける！　日常スキル30

責めることはできません。年度初めに，学級日誌は日直が書く学級の唯一の記録集であること，学級通信に印刷されて学級の全員で読むときに個性が発揮され楽しめる内容にしてほしい，と担任が話をしておくと良いと思います。

2　日誌の内容をどうやって共有するか

日直が苦労して完成させた日誌がそのまま日の目を見ないのはもったいないことです。しかし，学級通信で紹介するとしたら最短で翌日です。タイムリーに学級全員で共有するためには，毎日の帰りの学活の中で，内容を発表する時間を設けます。時間がなければ，授業評価と理由，日直の一日の振り返り，みんなに伝えたいことだけで十分です。実物投影機が教室にあれば，帰り学活で実際の日誌を見せることができます。保護者の方々が期末懇談の待ち時間に閲覧できるようにするのも良いでしょう。

3　日直の合格条件

【ハード編】で日誌の具体的な内容について触れましたが，学級日誌のすべての項目が記入されていなければ，翌日も日直をする「再日直」にしています。日誌は，日直が二人揃って帰り学活終了後に担任に提出します。そのときに確認してすべて丁寧に記入されていれば合格です。「はい」とただ受け取るのではなく，「このイラスト，上手！センスあるね」「授業評価がオールＡは日直さんの仕事のおかげかもね」「一日，大変お疲れ様でした」など，できるだけコメントで返します。日誌の内容について担任が必ずフィードバックをすることが大切です。　　（高橋　美帆）

第1章●基礎・基本を身につける！ 日常スキル30

朝学活・帰り学活

　朝の学活も，帰りの学活も5分ないし10分で日課に組み込まれていることが多いと思います。この短い時間の中で，担任と生徒が何を，どう共有すべきかを今一度考えてみましょう。

帰り学活の風景

　私の勤務校の教室は廊下側の壁がガラス張りなので，教室内の様子は廊下から丸見えです。帰り学活の時間に廊下を歩いてみると，10の教室に10の違った風景が見てとれます。ある学級は，話している人に全員が身体を向けて話を聞き，机上はメモ帳と筆記用具で統一されています。一方，ある学級は日直が話しているのにほとんどの生徒が後ろを向いておしゃべり。机上にはすでに鞄とジャンパーが置かれ，早く終わらないかなぁという雰囲気です。

　後者の帰り学活はその機能を果たしておらず，一度この状況になってしまうと立て直すのは至難の業です。充実した短学活を一年間継続するために何が必要なのでしょうか。

傾向と対策

1　朝・帰り学活のルール

　授業と同様にルールを年度初めに確認します。まず，朝

第1章　基礎・基本を身につける！　日常スキル30

も帰りも，学活が始まる10秒前になったら日直が黒板前に出てきます。朝は「起立してください」，帰りは「帰り学活の準備をしてください」とチャイム前に学級全体へ指示します。チャイム音と生徒の声が重なってしまうのは避けたいところですが，時間通りに始めることが最優先です。

　日直以外は，担任も生徒も「ながら参加」は禁止です。当然ですが，朝学活中に課題をやりながら参加するとか，隣の人とおしゃべりしながらの参加はできません。連絡や一日の振り返りに全員で耳と気持ちを傾けます。朝読書の時間が終わって朝学活が始まっているのにまだ本を読んでいるというような状況は，机上に不必要なものが置かれているから発生するのです。短学活中は机上に何も置かない約束です。

2　全員が耳を傾け，すべての情報を共有する

　必要な「すべての」連絡をテンポよく詰め込むことがポイントです。例えば朝は日付・曜日の確認，今日の目標，当番の確認，今日の予定，給食のメニュー，昼休みの体育館と図書館の利用日かどうか，その他の係からの連絡，教科連絡の追加や変更も含めます。6時間目に学年集会が予定されている日は，担任からの話で廊下整列時間，持ち物，今日の集会の内容など，とにかくその日に関わるすべての情報を連絡します。そうすると朝学活の連絡に生徒は集中して耳を傾けるようになります。「どうせ今言っても忘れるから……」とたかを括って連絡し切らないと，朝学活に対する生徒の意識は段々と薄れていきます。（高橋　美帆）

第1章●基礎・基本を身につける！ 日常スキル30

朝学活・帰り学活 ソフト編

　教科の授業の緊張感に比べると，朝学活はまだ頭がぼーっとしてスイッチが入っておらず，帰りは，やっと一日が終わった！部活だ！と，生徒にとっては一息つけるリラックスタイムの心持ちかもしれません。しかし，そこにある程度の緊張感がなければ短学活は機能しません。短い時間ですが，充実した朝学活・帰り学活は学級の"団結貯金"をどんどん増やしてくれます。

緊張感が下がっていく理由

　年度初めは授業と同じ気持ちで取り組むものの，往々にしてその状況は続きません。生徒の緊張感が下がっていくのには二つの理由があります。一つは，時間通りに始まって時間通りに終わっていないからです。だらだらと遅れて始まり，終業チャイムが鳴ってもだらだらと続く状況下では生徒の集中は容易に切れてしまいます。当然ながら，ここでも時間の意識が問われます。

　二つ目は，短学活の中には大切なことや楽しさを見い出せないと感じる生徒が出てくるからです。朝学活も帰り学活も，年度当初にその中味がしっかりと練られていることが重要なのです。

第1章 基礎・基本を身につける！ 日常スキル30

 傾向と対策

1 問題が発生するのは帰り学活

　朝学活ではそれほど問題は起きないのですが，帰り学活で日直の司会進行や各係からの連絡を聞いていない生徒がいるとします。机の中の物を鞄に入れるなどの下校準備の手を止めない生徒や，斜め前の生徒と放課後に遊ぶ約束をしている生徒です。この帰り学活の状況をスルーする担任はいないと思います。私も学活をいったん止めて，質問をします。「仲間が話しているとき，その仲間ならどうする？」──生徒は姿勢を正します。今日は聞く仲間ですが，違う日には自分もみんなの前で話す仲間になることを生徒は知っています。先生の話を聞くのも大事，しかし仲間の話を聞く方がずっと大事だと生徒には常々話しています。

2 朝は連絡，帰りは意見・考え・感想を共有する

　短学活は，教師でなく生徒が発言し，仲間がそれをしっかりと聞く時間にしたいものです。私の今年の学級は1年生ですが，帰り学活では必ず各班長が一日の様子を発表します。「○班は今日の目標を達成できたと思います。その他に評価できることは……」と振り返りがあると，その日が断片的な存在でなく，翌日とつながっていきます。そして生徒同士の評価を通して，向かうべき方向や的がだんだんと一つになっていくのです。その他にも，帰り学活では毎日交替で一人の生徒が1分間スピーチをします。短学活も学級に笑顔があふれる時間になっています。（高橋　美帆）

第1章●基礎・基本を身につける！ 日常スキル30

教科連絡

「今日も忘れ物をしてしまった……」「数学の単元テストがあるなんて知らなかった……」という生徒がなくならないのはなぜでしょうか。教科連絡が学級全体に徹底されるようになるための手立てをいくつか確認してみましょう。

教科連絡グッズの工夫

　サイド黒板を当日や翌日の教科連絡欄として使っている学級が多いと思います。教科連絡グッズにはどのようなものがあるでしょうか。どの生徒が見てもわかりやすいもの，黒板に書き込む側は手間がかからずスピーディに仕事ができるような道具があると便利で，かつ間違いが起きません。まず，国・数・英などの各教科名はマグネット化しておきます。色分けしてあると，遠くの席で字が見えなくても色で判断できます。その他，教科書，ノート，ワーク，宿題，テストも５，６枚ずつマグネットにして用意しておくと，翌日の教科連絡ボードはあっという間に完成します。特別な連絡は教科係がチョークで書きます。

傾向と対策

1 サイド黒板を充実させ，連絡メモを徹底する

　各教科係の仕事の一つは，次の授業の持ち物，授業の場

第1章　基礎・基本を身につける！　日常スキル30

所，テストや発表の有無について教科担任から指示を受け，前日の給食前までにサイド黒板に書き込むことです。授業参観や期末懇談などのイレギュラー日課では，給食→帰り学活→昼休み→5時間目→下校という流れもありますので，給食前までには連絡欄を埋めることがルールです。全体の生徒は，連絡メモに教科連絡のすべてを書き込みます。これをもとに翌日の授業道具を準備しますが，カバンに入れるのは前日の22時までと決めます。この時間を過ぎても，忘れ物がなければ問題はありませんが，忘れ物ゼロを達成するためには行動に何らかのプレッシャーが必要なのです。

2　欠席生徒への教科連絡

　欠席が長期にわたっている場合を除いて，単発の欠席や午前中に早退した生徒には翌日の教科連絡が必要です。「その後，体調はどうですか？」と担任が様子を聞く電話で伝えてしまうことも可能ですが，欠席生徒への教科連絡は基本的に生徒がします。生徒同士の横糸を太くするチャンスを担任が取り上げるのはもったいないと感じます。帰り学活で，日直が「〇〇さんに教科連絡をしてくれる人はいますか？」と聞きます。必ずと言って良いほど，「LINEで連絡しておきます！」という返事が返ってきます。中学生には何かとトラブルの原因になりがちなLINEですが，このような連絡に使うには大変便利なツールです。連絡を申し出た生徒が下校する前に，「お大事に，と伝えてね」と言葉を添え，確実に連絡をしてくれるよう念を押します。

（高橋　美帆）

第1章●基礎・基本を身につける！ 日常スキル30

教科連絡

ソフト編

　生徒が授業に向かううえで一番大切なのは，忘れ物をしないことです。教科係による教科連絡が徹底されていたとしても，何人も忘れ物をする生徒が出てしまうならそこでアウトです。「授業の心構えができていない学級」になってしまうだけでなく，教科係がしっかりと仕事をしているのかが問われることになりかねません。

教科連絡の"変換"

　もちろん忘れ物は個人の問題ですが，大切なのは教科連絡を書きとめることではありません。生徒がその連絡を授業道具に変換し，小テストに向けて勉強するという行動に変換することで初めて教科連絡がその機能を果たします。授業に参加するためのこれらの準備は，100点で当たり前だという意識を浸透させたいものです。

傾向と対策

1　各教科係には徹底して仕事をさせる

　教科係の仕事はサイド黒板への記入だけではありません。教科担任と学級をつなぐ窓口は担任ではなく教科係です。もちろん，担任は教科係が徹底して仕事ができるよう全面的にサポートし，責任を果たさせます。最も重要なのは忘

れ物をさせないための「演出」です。例えば，私の学級の帰りの学活では，翌日の時間割を詳細に確認するコーナーがあります。時間割や持ち物がサイド黒板に書かれていても，あらためて各教科係は口頭で次のように連絡します。「1時間目の数学は，教科書，ノート，ワークを持ってきてください。一次関数の小テストがあります。ワークの45ページ～50ページの中から出題されます」。このように，いくつかの方法で教科連絡がされることで，生徒の心の中にはある種のプレッシャーが生まれます。忘れ物やテストの準備不足は教科係の責任ではなく，個々人の責任だという構図を明らかにし，ここからはすべて自分にかかっているのだと意識させる演出も必要です。

2 教科連絡を行動に変換する

 例えば，翌日の数学で小テストがあるのに，そのテストに向けた行動が予定されないのであれば，その連絡には意味がありません。宿題や提出物も同様です。教科連絡の中にテストや宿題があってその準備が必要な場合は，何時から何時までそれに取り組むのかを予定させます。教科連絡を各自のメモ帳に書かせている場合は，そのメモ帳に帰宅後から就寝までのスケジュール欄を作らせると良いでしょう。簡単に時間が書いてあるだけで十分です。大事なのは，そのスケジュールの何時から何時までを使って，翌日の準備が100点になるような行動を"コミット"させることなのです。

（高橋　美帆）

第1章●基礎・基本を身につける！ 日常スキル30

連絡メモ

生徒は，様々な連絡を毎日聞いています。しかし，その連絡が生徒たちにうまく伝わっていないことがわかり，後で「困ってしまった」「生徒を叱ってしまった」という経験はないでしょうか。

スケジュール管理は中学生にはまだ難しい能力の一つです（大人でもできていない人は多いです）。ですから，ある程度のお膳立てをこちら側がしてあげる必要があるのではないでしょうか。

管理が必要なもの

連絡する内容は「教科連絡」と「提出物」だけと思われがちですが，「当番（日直・給食・掃除）」「係・委員会」「家での用事」などもわかる範囲でスケジュール化させておけば，連絡忘れなどで担任・学級が困る事態を防ぐことができます。

傾向と対策

1 専用スケジュールシートを作成する

生徒にメモ帳を用意させると，教科連絡を書くだけで終わってしまいます。また，提出をさせて書けているのかどうかをチェックすることも難しいです。そこで，右のよう

第1章 基礎・基本を身につける！ 日常スキル30

連絡メモ／ハード編

なシートを用意します。

上段には自分が明日にかけて行うべき仕事を書かせ，今日の予定を考えさせます。内容は宿題からテレビまで，何でも構いません。

中段には教科連絡や明日の提出物を書けるようにします。また，先頭には□を

○行動書き出しシート(To Doリスト)○

月　日（　　）			
行　動	所要時間	いつまで	優先順位
□			
□			
□			
□			
□			

○明日の提出物・連絡メモ

チェック		教科など	連絡内容
□	1		
□	2		
□	3		
□	4		
□	5		
□	6		
□	提出物など		

○反省

メモをしっかりとれた	時間内に終われたか
忘れ物はなかったか	気持ちの良い1日を過ごせたか
宿題はきちんとできたか	今日は　　　　　　　点

つけ，作業が完了したかを確認できるようにします。

② 状況に応じてレベルアップさせる

スケジュールシートを書くことに慣れてくると，休み時間に完成させてしまう生徒が増えてきます。そこで，進級をきっかけにレベルアップをさせていくのも良いでしょう。例えば，上段をバーティカル形式（スケジュールの放課後からの時間を1時間単位の時間軸で立てる）に変更する方法があります。実際のスケジュール帳に近づけていくことで，就職後にも対応できるスケジュール管理能力を身につけることができるようになります。

（山﨑　　剛）

第1章●基礎・基本を身につける！ 日常スキル30

連絡メモ

ソフト編

　メモ帳やスケジュールシートを活用しているのに、「忘れ物が減らない」「提出物が期日までに揃わない」という経験はありませんか？

　「書くのが面倒で忘れ物をした」生徒であれば、注意するだけで十分ですが、「記入もままならない」「教科連絡を記入するだけで精一杯」の生徒なのかもしれません。早い段階で手立てをとっていくことで、全員にスケジュール管理を習慣づけさせたいものです。

徹底を妨げる要因

　帰りの学活では、「明日の教科連絡・提出物・当番の確認」「担任の話」などが行われます。話を聞きながらメモをすることは、支援を要する子でなくとも困難が予想されます。結果として、記入漏れや聞き逃しが発生し、書くのが面倒になっていくのです。

傾向と対策

1 書くだけの時間を確保する

　帰りの学活は5分程度しかありません。時間に追われてしまい、つい話を聞きながらメモをさせたくなりますが、1年生や支援を要する子には少し不親切です。書く時間と

第1章 基礎・基本を身につける！ 日常スキル30

連絡メモ／ソフト編

話を聞く時間を分けて，どちらにも集中できる環境をつくりましょう。そのためには，担任からの連絡内容や順番をしっかりと考え，時間短縮を図ることが大切です。

2 定期的にチェックする

書く時間が確保できたら，次に書けているかをチェックしましょう。机の間をまわりながら，書けている生徒には「OK だね」と言って，スタンプを押します。書けていないところがあれば指摘し，完成させたのを確認してからスタンプを押します。たったこれだけのチェックでも，「生徒のつまずきの確認」や「時間を有効に使うためのアドバイス」などを行うことができるのです。

スケジュールシートを使用している学級では，シート内に記述欄を用意することをオススメしています。この欄は「1週間の反省」や「最近あったこと」など，自由に書かせて構いません。欄を交換日記のように使用し，生徒とのコミュニケーションをとることで，生徒理解にもつながります。

3 良い例を紹介する

学級での様子を観察していると，クラスに数名は有効活用できている生徒がいるはずです。その生徒に許可をもらい，帰りの学活や学級通信などで紹介するのも効果的な方法です。「どこが素晴らしいのか」コメントを入れ，生徒に素晴らしいものを見せることでそれを真似する生徒を増やしていきましょう。

（山﨑　剛）

第1章●基礎・基本を身につける！ 日常スキル30

黒板メッセージ

　学級全体に向けて何かを伝えるとしたら，あなたはどんな方法を採りますか。

　学活で全体に話をする。あるいは，学級通信を発行する。どちらも経験のある方がほとんどではないでしょうか。

　始業前，黒板にメッセージを書く。これも有効な方法です。しかし，この手法を採り入れている人は少ないように感じます。朝書いて，短学活が終われば消されてしまう。それ故に手軽なこのツールは，意外に高い効果を発揮するのです。

メディアとしての学級通信との違い

　発行物である学級通信と違って黒板メッセージは後々残るものではありません。その手軽さが，効果を発揮する場合があります。また，保護者の目に直接触れないということで，文体を少しくだけたものにすることができます。

傾向と対策

1 指導事項を共有する

　生徒に指導しなければならない場合，一般的に人目につかない場所で行われます。怒られている場面を，他人に見られて気持ちの良い人はいないでしょうから，当然のこと

です。しかし，指導内容によっては全体に周知しておいた方が良いことがあります。

こういう場合，黒板にメッセージを書くことで，全体に共有することが可能です。もちろん，該当者の名前を公表する必要はありません。「昨日こんなことがあった。みんなも注意するように」程度の内容で良いでしょう。

服装や持ち物などの細かな確認などにも効果的です。

2 何事にも先手を打つ

例えば，夏休みの計画表の提出締切日。その日の黒板には，こんなメッセージを書きます。

> おはよう！
> 期末テストも終わり、もうすぐ待ちに待った「夏休み」ですね。
> そういえば、計画表の提出が今日までですが、大丈夫だよね？
> え？　まだ書いてない？　……。
> 大至急、書いて今日中に提出するように。
> だからと言って手抜きは厳禁です！

忘れていた生徒だって登校して黒板を見れば，さすがに思い出します。

また，その日の予定や避難訓練など特別な動きの確認，以前に指導したことの再確認などを黒板メッセージであらかじめ連絡しておくことが可能です。

（渡部　陽介）

第1章●基礎・基本を身につける！ 日常スキル30
黒板メッセージ
ソフト編

　突然ですが，あなたの家のテレビでは一日中ニュース番組が流れていますか。もしかしたら，多忙で帰宅するとニュースを観るような時間しかない，という方もいらっしゃるかもしれません。そのような人でも，十分な時間があれば，ニュース以外にもバラエティ番組やスポーツ番組などを観ているのではないでしょうか。

　無論，中学生にしても同様のことが言えるでしょう。しかし，教師が発する言葉は堅苦しいものが多くなりがちです。そこで黒板を使って，もう少し柔らかなコミュニケーションを図ってみてはいかがでしょう。

黒板メッセージの特性

　学級通信はある程度書くべき内容がないとなかなか発行できません。その点，黒板メッセージはたとえ天気の話題だけで終わったとしても構いません。書き手にも読み手にも，堅苦しくないというのがこの媒体の最大の特徴です。

傾向と対策

1 学級の雰囲気を和ませる

　生徒の中には，朝が弱い生徒や登校することが億劫な生徒がいます。朝からハイテンションな生徒もいないわけで

はないですが、そう多くはありません。

　そこで、最近あった面白エピソードなどを書いて生徒の気持ちを和ませましょう。朝から笑える。この効果は学級の雰囲気づくりにおいて、思いのほか大きいものです。

　だじゃれや親父ギャグの類でも構いません。たとえ、それがあまり面白くないものであっても、先生が羽目を外すこと自体、生徒にとっては面白いものです。

2　問題を投げかける

　学級の改善点などを直接的に生徒にぶつけて、改善を要求するのがハードな手法だとすると、間接的に投げかけて生徒自身が自ら改善に動こうとするのがソフトな手法です。

> おはよう！
> 昨日の入学式での君たちの校歌。
> とても素晴らしく
> 新入生の気持ちづくりに効果抜群でした。
> （もちろん校歌と効果をかけています）
> でも、そんな立派な君たちだけど、心配なこともちらほら……。
> 昨年度の終わりごろから時間について少しルーズな気が……。
> なんかよい方法はないかな〜。

　このように学級の問題点を投げかけることができますし、道徳的な話題を振ることも可能です。朝の短学活で時間的に余裕ができたときには、この話題について意見を聞いて、掘り下げていくといった方法もあります。

（渡部　陽介）

第1章●基礎・基本を身につける！ 日常スキル30

学級通信

ハード編

学級通信は必ず書かなければならないものではありませんし，実際に書かない先生も周りにいることでしょう。もし書くと決めたのならば，なるべく効果的な通信を書きたいものです。

保護者との連携を強化するための学級通信

学級通信は基本的には「学級の様子を保護者に伝える」ことを目的とし，まずは忙しい保護者にも読んでもらえることが大切です。時にはそこに指導的側面をもたせることもできます。

傾向と対策

1 読みやすいレイアウトにする

どんなに素晴らしい内容が書かれていても，手に取って読んでもらえないと意味がありません。私の場合は，基本的に大

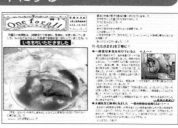

きめの写真を必ず1枚入れることで注意をひくようにしています。文字はできるだけ簡潔に少なめです。さらに大事な内容は太字にし，複雑な内容は図解にするなど，パッと

見で大筋が理解でき，全部読むのにも大して時間をとらないようなレイアウトにしています。

2 基本的にプラスの内容を書く

手に取ってもらったら次は読んでいて面白いと思わせたいものです。そのためには「たくさんの生徒の活躍が生き生きと描かれている」，これに尽きるように思います。通信をきっかけに家庭での会話が盛り上がるようであれば理想的です。担任としてしっかり見ること，そして鮮度が落ちないうちに届けることが求められます。

3 ここぞというときにはマイナス面も正直に書く

「学級の問題」は，ほとんど生徒間の問題なので通信に書けるようなものではありません。しかし，学力と家庭学習，挨拶，生活リズム，スマホの使用など，家庭での指導が必要なものについては学級全体に注意を喚起しなければいけないことも出てくるのです。

私の過去の実践としては，スマホ使用のルールについてある家庭のルールを掲載し，それについての保護者の意見を募りました。それをさらに紙面で紹介することで紙面懇談会のような形になり，普段学級懇談に来られない保護者にとっては学級への帰属意識を高めることにもつながったように思います。

ただし，こういった内容を頻繁に載せると，通信を保護者に見せたがらない思春期男子たちがますます隠してしまうことにもつながりかねないので，用法・用量に注意が必要です（笑）。　　　　　　　　　　　　　（河内　　大）

第1章●基礎・基本を身につける！ 日常スキル30

学級通信

学級通信を何のために書くのか，ただ周りの先生が書いているからという消極的な理由ではなく，自分なりの目的を整理してみることが大切です。私は，以下のような目的で書いています。

生徒を感化し，良い学級風土をつくるための学級通信

担任の思いを，押しつけがましくならないように，「Iメッセージ」でつぶやいてみる。自分が父性の強いタイプであれば母性的な内容を意識してつぶやくことで，自分の弱点補強にも通信を使うことができます。

また，特に日本人は「同調圧力」に弱い生き物なので，「みんながそう思っているのなら……」となりがちです。生徒はルールではなくムードに従って生きています。学級のムードをつくる作用も通信にはあるのです。

傾向と対策

1 担任の思いを「Iメッセージ」でつぶやく

見え透いた褒め台詞は，中学生には響きません。また，押しつけがましい指導もアウト。そんなときにはこの「Iメッセージ」を使うことを意識してみましょう。

第1章 基礎・基本を身につける！ 日常スキル30

	You メッセージ	I メッセージ
プラス面の言葉	掃除が早くてキレイ。みんなすごいんです	掃除が早くてキレイだから助かっています
マイナス面の言葉	掃除はちゃんとやらないとダメです	掃除はちゃんとやってほしいなあと思います

　どうでしょうか？　You メッセージには評価の匂いがして，I メッセージの方が受け取りやすくないですか？ 同じ内容でもどうせ書くのならば効果的に伝わる方を選びましょう。

2 弱点補強に通信を

　つい波平さんのように「バッカもーん！」と父性的指導を入れてしまった後には，通信では母性的なフネさんの登場です。「ついついだらしなくなってしまうこともあるよね？」などと生徒に共感するところを示すと，「先生は本当はわかってくれていて，そのうえで叱ってくれているんだ」となるのです。効果的な指導のためには父性・母性・子ども性の三性のバランスが大切です。自分に足りない部分を通信で補ってみましょう。

3 学級のムードをつくる

　例えば夏休み前に「一生懸命勉強してほしい」ということを伝えたいとします。それを直接担任の言葉として書くよりも，生徒に抱負を書かせ，勉強へのやる気が感じられるものを多く紹介する方が効果的ではないでしょうか。教師と生徒という縦の関係だけでなく，生徒同士の横のつながりをうまく機能させていきましょう。　　　（河内　　大）

第2章

学級がうまくまわる！
係活動・当番スキル30

第2章●学級がうまくまわる！ 係活動・当番スキル30

学級委員選出

　年度の最初に行う学級委員選出。なかなか決まらなくて苦労することも少なくありません。また，決まったとしても担任の望み通りのメンバー構成にならないこともよくあります。ここでは学級委員の選出をより円滑に進めていく方法を紹介したいと思います。

学級委員選出の難しさ

　学級委員の選出は多くの場合，学活などの学級の時間に行います。つまり，限られた時間，限られた空間，限られたメンバーという条件の中で決めなければなりません。そうなると，立候補者が誰もいない役職が発生したり，同じ役職に複数の立候補者が出たり，信頼のない生徒が学級代表に立候補したりなど，担任の思い通りに進まないことがよくあります。希望通りの役職に就けなくて落胆する生徒のケアや，能力に見合わない役職に就いてしまった生徒のフォローなどの弊害も生まれてしまうのです。

傾向と対策

1 担任が決める

　学級委員をよりスムーズに決める方法として有効なのが，担任がすべて決めるという方法です。立候補を募ることは

せず，各役職に適している生徒を担任が当てはめていきます。この方法だと担任の理想通りの学級委員選出が実現します。しかし，この方法をとる場合絶対にしなければならないのは，生徒の意思の確認です。やりたくもない役職に当てられてもモチベーションは上がりません。それどころか担任への不信感につながります。ですから事前に希望調査を行い，意思を確認する必要があるのです。希望調査は自分の意思を４段階で表現できる程度の簡単なものです。この希望調査をもとに担任が各役職に生徒を当てはめていきます。

学級委員希望調査				
			番　氏名	
希望するものを○で囲む				
代表委員	・やりたい	・やっても良い	・興味がある	・やらない
学級議長	・やりたい	・やっても良い	・興味がある	・やらない
学級副議長	・やりたい	・やっても良い	・興味がある	・やらない

2 調整する

担任が決めていく中で複数の生徒が同じ役職を希望する場合や能力的に困難な役職を希望する場合などがあります。そんなときはそれぞれの生徒と話をして諦めさせたり，他の役職を勧めたりします。勝手に決めずに本人の了解を得ることが大事です。ここの担任と生徒とのコミュニケーションは信頼関係を構築する重要なポイントですから決して怠ってはいけません。このようにして調整をしていくとスムーズかつ担任の理想の学級委員選出が実現しやすくなります。

（高村　克徳）

2 学級委員選出 ソフト編

第2章●学級がうまくまわる！ 係活動・当番スキル30

「〇〇委員やって良かった。また〇〇委員やりたいな」

最後にこんなセリフが生徒から出てくるような充実した活動をさせたいものです。

自主性や自治意識をもたせる

学級委員は選出することがゴールではありません。生徒に最後まで責任をもってやり遂げさせることや成長させることが重要なのです。しかし，生徒が主体的に取り組まなければ良い活動にはなりません。学級委員選出をする際に生徒に自主性や自治意識をもたせることができないとその後の充実した活動にはつなげられないのです。

傾向と対策

1 議長が仕切る

生徒の自治意識を高めるために生徒だけの力で学級委員を決めさせます。議長の選出だけは担任が仕切りますが，それ以降は議長の仕切りでその他の役職を決めていきます。しかし，丸投げというわけにもいかないので決める順番や決め方のルールは担任が事前に提示します。担任は基本的にはあまり口を出さず，議長が困っているときにだけようやくフォローするというスタンスがちょうど良いです。時

間がかかる場合もあるかもしれませんが，できるだけ生徒の力で進めさせます。この方法だと「自分たちで学級組織を決めた」という感覚が残り，自治意識が高まります。

2 スカウティングをする

「この生徒を学級代表として育てて修学旅行に行きたい」などといった理想が担任にはあると思います。そんなときは事前にその思いを直接本人に伝えましょう。担任の熱い思いを語れば，多くの生徒は心が動きます。たとえ立候補しなかったとしても，担任の思いをその生徒に伝えられたことに大きな価値はあるものです。

3 立候補が出るまで待つ

議長が仕切ろうが担任が仕切ろうが，決まらない役職が出ることはあります。限られた時間の中で決めなければならないので，すぐに決めてしまいたいと思いがちですが，ここで焦ってはいけません。じゃんけんやくじ引きなどで無理に誰かに押し付けてしまうと，後から文句を言ったり，不登校になったりする恐れもあります。立候補が出るまで待つというのを基本の姿勢にすることが大切です。決まらなくて教室に沈黙の時間が流れることもあります。それも良いでしょう。沈黙を破り，誰かが手を上げて立候補し，みんなから称賛されるという感動の瞬間が生まれるかもしれません。「やらされている」という感覚よりも「自らやっている」という感覚こそが責任感や充実感につながるのです。

（高村　克徳）

第2章●学級がうまくまわる！ 係活動・当番スキル30

係組織づくり

学級委員選出と並んで行われるのが係組織づくり。どちらかというと学級委員の方が優先され，係組織は後回しになりがちではないでしょうか。しかし，多くの場合，特定の人数しか選出されない学級委員に対して，係は全員が所属します。つまり，学級での役割が係の仕事のみという生徒もいるのです。このとき，係組織が機能していないとその生徒は唯一の役割が果たせなくなってしまいます。

係の役割を明確にする

係の役割が漠然としていたり，係と委員の役割が重なっていたりすると係組織は機能しません。この原因は学級のシステムにあります。誰にどんな役割や責任があるのか明確なシステムがなければ係組織は機能しないのです。

傾向と対策

1 一人一役の仕事

各係で担当している仕事をその係の人数分に細分化し，一人に一役が割り当たるようにします。そうすると役割が明確になるので自分の仕事をさぼったり，手を抜いたりすることも少なくなります。また，各仕事内容も簡単にできるようなものが良いでしょう。褒める機会も増えます。役

割を果たしたことを三者面談や通知表の所見欄などで保護者に伝えることができます。

係の仕事分担一覧

総務係（5名）係長：_____		生活係（5名）係長：_____	
A	朝の会で今日の予定を発表する	A	朝の会で欠席・遅刻の確認をする
B	帰りの会で明日の予定を発表する	B	サイド黒板に欠席・遅刻・早退を記入する
C	学級会の議事進行（議長）	C	電気・教室のドアを管理する（移動教室時は最後にチェック）

2 掲示物を活用する

　一人一役が決まったら一覧表にして教室に掲示しましょう。プリントで掲示しても良いし，係ポスターを作らせてそこに一人ひとりの仕事内容を書かせても良いです。いずれにしてもみんなが見える（確認できる）場所に掲示することが大切です。例えば，教室のチョークがなくなっているときに「チョークを補充する」という役割が何係の誰の仕事なのかを確認することができます。係長が気づいたときにはすぐに，担当者に「チョークがなくなっているよ」と注意できます。担任が気づいたときには誰が係長か確認し，係長に「チョークがなくなっているのを担当者に注意したのかい？」と指導することができます。ちなみに私の場合は，持ち歩いている手帳にも一覧表を入れてあります。

（高村　克徳）

第2章●学級がうまくまわる！ 係活動・当番スキル30

係組織づくり

ソフト編

　係は存在するけど，日常的に活動はしていない。

　行事のときに役割があるくらいであとは特に……。

　このような学級が多いのが現状ではないでしょうか。係組織が機能しなくてもすぐには学級に影響を及ぼしません。しかし，おろそかにしているとじわじわ学級を蝕んでいく怖いものでもあるのです。

係組織の崩壊

　学級はみんなが少しずつ貢献して機能していくのが理想的です。しかし，自分のことを優先してしまい，係としての役割を果たせず，学級に貢献できない生徒もいます。こういった生徒を放置していると同じような生徒がどんどん増え，係組織は崩壊します。担任はこのような事態になる前に手を打たなければならないのです。

傾向と対策

1 係長を機能させる

　係には大抵の場合，係長がいます。係長には係の責任者として係員を監督させます。もし係の仕事が滞っている場合は，係長が担当者に注意を呼びかけるという役割を与えます。これにより係組織が機能します。しかし，係長が監

第2章 学級がうまくまわる！ 係活動・当番スキル30

督義務を忘れることもあるので，担任は係長が係員をしっかり監督しているかを監督する必要があります。これを1ヶ月ほど続けていると，担任が見ていなくても係組織が自治的に機能するようになります。また，学級の状況にもよりますが，担任と係長の間に学級代表を挟むことで自治意識をさらに高めることができます。

担任　⇒　係長　⇒　係員
（監督，指導）　（監督，注意）

2 係会議をする

定期的に係会議を行い，係の仕事がしっかりできているかチェックシートを使って評価をし合います。このチェックシートは係全員で話し合って評価をするので係長が評価される機会にもなります。このチェックシートによりどの程度係組織が機能しているかを計ることもできるのです。

係チェックシート
月　日　　生活係

			今後の課題
5…完璧にできている　4…ほぼできている　3…まあまあできている　2…少しだけできている　1…できていない

A	朝の会で欠席・遅刻の確認をする		5・4・3・2・1	
B	サイド黒板に欠席・遅刻・早退を記入する		5・4・3・2・1	
C	電気・教室のドアを管理する		5・4・3・2・1	
D	給食後，給食カレンダーをめくる		5・4・3・2・1	
E	ゴミ箱・傘バケツ（雨天時）を管理する		5・4・3・2・1	
F	点検活動をする	係全員	5・4・3・2・1	
G	係の問題点を解決する	係全員	5・4・3・2・1	

（高村　克徳）

5 学級目標

第2章●学級がうまくまわる！ 係活動・当番スキル30

ハード編

　どの学級にも必ずある学級目標。しかし，これまで担任してきた学級の学級目標をすべて覚えている先生はほとんどいないでしょう。そのくらい学級目標は重要視されていないというのが現状だと思います。しかし，せっかく設定するのですから有効活用する方法がほしいところです。

学級目標を重視しない理由

　学級によっては学級目標の他にも個人目標や班目標を設定します。その他にも部活や塾での目標もあります。そうなると目標だらけになってしまい，個人への影響の少ない学級目標は優先順位の下位になります。そしてそのうち存在自体も忘れ去られてしまいます。また，目標が簡単なものであったり，曖昧であったり，インパクトがなかったりするとなおさら存在感のないものになってしまうのです。

傾向と対策

1 簡単に達成できないものを設定する

　学級目標は一年間の目標ですからすぐに達成できるものを設定してはいけません。例えば，「協力するクラスになろう」や「一致団結」という学級目標の場合，５月あたりの最初の行事で達成できてしまう可能性があります。達成

してしまうと意味のない目標になってしまいます。ですから目標は簡単には達成できないものにすべきなのです。

2 考えるポイントを指示する

学級経営上ここは大切にしたい，生徒のこの力を伸ばしたいというポイントが担任にはあると思います。こういった話は学級開きのときにもすると思いますが，学級目標をつくるときにも同じ話をすると良いでしょう。生徒はそれを意識した学級目標を考えようとします。何もないところから考えさせるよりも考えるポイントを事前に指示してあげた方が，方向性の定まった良いアイデアが出るのです。

3 ネーミングセンス

学級目標は学級旗に書いたり，学級に掲示されたり，学級通信のタイトルになったりすることがあります。ですから見た目やインパクトも実は大切なのです。

例えば，

① 「大きく羽ばたけ！」
② 「大志を抱け！」
③ 「Be Ambitious！」

これらの三つを見ると，同じ意味でも①は平凡で面白くありません。有名な言葉を使っている②の方が興味をひくことができます。さらに，③のように英語を使うことによって見栄えもカッコ良くなり，インパクトを与えることができます。生徒に考えさせるときには内容も重視させつつ，ネーミングセンスも要求すると良いでしょう。

（高村　克徳）

第2章●学級がうまくまわる！ 係活動・当番スキル30

学級目標

ソフト編

　年度当初の忙しい時期。学級目標決めはどちらかというと流れ作業のようになりがちです。それもそうでしょう。合唱コンクールの指揮者を決めるのとは重要度がかなり違いますから。事前に入念に準備をする先生もほとんどいないでしょう。この時期は他にもやらなければならないことが山積しているので優先順位が低くなるのも無理はありません。しかし，時間をかけずにひと工夫加えるだけで学級目標を有効活用することもできるのです。

学級目標を達成しようとしない理由

　多くの生徒はテストの前に目標の点数を設定します。そしてテスト後には目標を達成できたか振り返ります。もし達成できなければ対策を考えたり，今後の学習の仕方を検討したりします。しかし，学級目標はテストと違い，達成できたかを振り返ることはほとんどしません。なぜなら達成できなくても誰も困らないからです。テストのように点数もつかないし，評価されることもないのです。そうなると残念ながら本気で学級目標を達成しようとする生徒も教師もいなくなるのです。

傾向と対策

1 特別感を生む

学級目標には大きく分けて2種類あります。一つは読んだだけですぐに意味がわかるものです。例えば「一生懸命」や「絆」。これらは見ただけでどんな目標なのかイメージできます。もう一つは読んでもすぐにはイメージできない抽象的なものです。例えば「TOPPO」。これだけではどんな目標なのか全くわかりません。これは「どこを食べてもチョコがつまっている TOPPO というお菓子のように,一年間どこをとっても充実したものにしよう」という意味なのです。例えばこのような目標なら,自分たちだけで通じ合っているという特別感や秘密感が生まれるのです。

ありきたりの学級目標を設定しても形だけのものになってしまいます。それよりも特別感を生むような学級目標の方が,学級の所属感や団結力が高まる効果が期待できます。

2 合い言葉にする

学級目標がその学級の合い言葉になるようなものであれば学級活動や行事が盛り上がるきっかけにもなります。応援するときや勝利したときなどにみんなで声を合わせて使えるような合い言葉があるとその学級の特別感も高まるし,同時に学級目標も浸透します。ですから,学級目標を決めるときには学級の合い言葉になるということを一つの基準にするのも良いかもしれません。 (高村 克徳)

第2章●学級がうまくまわる！ 係活動・当番スキル30

7 日直

多くの学級の日直の仕事といえば、朝や帰りの学活の司会、学級日誌の記入等です。仕事内容を学年で統一している学校もあるでしょう。しかし、それぞれの仕事に対する評価といえばどうでしょう。なんとなく司会をし、学級日誌を記入し、次の日には別の者が日直になる。そのうちに誰が日直なのかわからなくなり、その日の朝になるまで自分が日直だということに気づけない状況さえ存在します。

日直の仕事を評価する

日直という仕事は、輪番制でみんなが同じ仕事をするにもかかわらず、自分以外の人間がどのような仕事ぶりであるのかには目が向けられていません。つまり、自己評価も他者評価もないのです。「なんとなく感」の原因はここにあります。人は他者から認められるから頑張れます。他者の存在を意識するから、自分の仕事の質を高めることができます。みんなが同じ仕事をするからこそ、他者との比較も明確になるものです。

傾向と対策

1 日直の仕事に「やり直し制度」を導入する

日直の仕事に評価制度がなければ、いいかげんに仕事を

したり，最悪の場合，手抜きやさぼりがあったりしても，翌日になれば自然と次の担当へ仕事がシフトします。そこで，「やり直し制度」を導入します。この制度は，一定の基準を設け，その基準をクリアできなければ，翌日以降も日直の仕事の「すべて」が継続してしまうというものです。「すべて」という部分がポイントです。できなければ「すべて」の仕事がやり直しになるという条件にすると，やり直しになるまいと協力し，基準をクリアするために努力するようになります。

例えば，学級日誌で誤字脱字や空欄がないとか，ひらがなを多用しないとか，感想欄を面白く書くとか，遊び心を入れつつ，基準を作成してみると良いでしょう。

2 点検者を設定し，仕事の質に合否をつける

日直の「やり直し制度」があっても，評価する人がいなければ機能しません。まずは点検者の設定が必要です。チェックする項目の数にもよりますが，前日に日直を行った者が点検するとか，翌日が日直予定の者に点検させることで，自分の仕事へ向かうための意識づけをするとか，学級担任自身が点検するとか，とにかく点検者に仕事ぶりの合否をつけさせます。

また，点検者に限らず学級全員で仕事の質を評価させ，月間 MVP を選出するなどのイベントに結びつけるなどの工夫をするとさらに効果的です。

（友利　真一）

第2章●学級がうまくまわる！ 係活動・当番スキル30

日直

　年間通して一度も日直の仕事をしない生徒はいません。日直というシステムを採用していない学級もほとんどありません。しかし，日直に対する生徒の意識は，年度当初は同じでもだんだんと学級によって大きく差が出てしまいます。そして年度末には，一つ一つの仕事を丁寧に陰日なたなく行う学級もあれば，適当にやったり，さぼったりすることが当たり前の学級も存在してしまうのです。

日直をフォローする雰囲気づくり

　人間ですからついうっかり仕事を忘れてしまうことはあります。そのとき，班長や級友から声をかけられることで思い出し，すぐに仕事に取りかかることができれば良いという寛容な姿勢を教師側がもちたいものです。また，日直がその仕事をしていないと他の生徒が困るという状況をつくり出してしまえば，仕事を忘れている日直に声をかけることができるようになります。

傾向と対策

1 好まれない仕事をあえて日直の仕事にする

　朝学活や帰り学活の司会などは，どの学級でも日直の仕事ですが，給食後の台拭きや牛乳パック関連の仕事等，教

室の美化に関する仕事は学級内の固定化された係が行うシステムの学級の方が多いのではないでしょうか。しかし，学級の係は半年間変わらないため，仕事をするメンバーが固定化します。しかも手間がかかる仕事のため，あまり生徒も好んでやろうとはしない仕事です。このような仕事を日直の仕事として位置づけることで，学級全員が年間通して数回以上は必ずやるというシステムとなり，平等性も確保されます。

また，さぼり等が生じると，特に給食の美化関係の仕事だと午後からの授業にも差し支えますので，学級に迷惑をかけることになります。逆に，さぼり気味の生徒が嫌々ながらも周りのフォローの中できちんと行う経験を積めば，学級に貢献できているという意識を自然ともたせることにもつながっていきます。

2 日直の仕事を班単位での輪番制にする

一日で行う日直の仕事が一つではない学級も少なくありません。一人や二人の日直がたくさんの仕事をすべて完璧にこなすことは，とても難しいものです。しかし，いいかげんな仕事ぶりを許容したくないという思いも教師にはあります。

そこで，日直の仕事を班単位での輪番制とし，すべての仕事を班員全員が経験するシステムにします。すべての仕事を終えたら次の班へ日直がシフトさせる。そのようなルールにすると，班全員でフォローし合いながら日直の仕事に取り組めるようになります。　　　　　　　　　（友利　真一）

第2章●学級がうまくまわる！ 係活動・当番スキル30

黒板の消し方

　教室の正面にドンっと構えている黒板は学級の顔とも言える存在です。その黒板とチョークが整然としていれば学級の印象は良いものです。

　始業のチャイムが鳴り，チョークを持って黒板に対峙する。そのとき黒板が美しければ自ずと授業への期待感も高まります。

　できれば毎時間，どの教室でもそんな状態の黒板を目指したいものです。

黒板消し係

　学校や学年にもよりますが，黒板を消すのは係ですか？　当番ですか？　どちらでも良いのですが，最低限，学年では統一しておいた方が良いでしょう。学級によって違っていたのでは，消し忘れていた場合，また褒めたい場合にも，教科担任は誰に向かって声をかければ良いのか混乱してしまいます。

傾向と対策

1 モデルを見せる

　年度最初の授業でどのレベルまでの美しさを求めるのか，実際に教師が黒板を消してみせて評価の基準を示します。

これをしておかないとその後の指導にブレが生じてしまい，教師への不信感の種となってしまうこともあります。最初のうちは，教師が一緒に作業してモデルを示しながら「ここまでやるんだよ」というレベルを確認します。

さらに，教科担当の先生にもこの基準を理解してもらい，できていない場合にはやり直しさせるなど，教師の指導に一貫性をもたせます。よくありがちなのが，筆圧の強い先生がいて，消した跡が残ってしまう場合です。このようなときにも妥協して「仕方ない。まあいいかぁ」で済まさず，時には教師も一緒になって対話しながら作業し生徒との距離感を詰めます。

最悪なのが，授業が始まってから教師が教室入りし，しかも黒板が消されていない場合です。こうなると3～4分は授業時間をロスしてしまいます。これを避けるためにもチャイムの2～3分前には教室に入ることを強く心がけます。またこれをすることで誰が当番なのか知ることができ，意図的に指導・評価をすることができます。

2 チェック機能を入れる

人間のやることなのでついつい忘れてしまうこともあります。そんなときのために「黒板まだだよ～」と言う声かけ係をつくっておきます。学習委員会を「声かけ係」にするのも良いですが，学級全体で声をかけ合ったり，仕事を手伝ったりする雰囲気を醸成していきたいものです。

（高橋　勝幸）

第2章●学級がうまくまわる！ 係活動・当番スキル30

黒板の消し方

　美しく消された黒板は誰が見ても気持ちが良いものです。つまり，黒板を美しくすることは，全体に「快」をもたらすものであり，自分を含めた全体の利益になることでもあります。

　他人に「快」を与えるとともに自分自身が「快」を感じることができれば，その活動は継続していくはずです。

　要は，このような雰囲気・空気を醸し出すことができるか否かです。

感謝する

　係・当番が各々の仕事を全うすることは当たり前のことかもしれません。しかし，黒板をキレイにするということは，見方によっては教師の仕事の一部を担ってくれているという見方もできます。われわれ教師はそのことに感謝して良いのかもしれません。

傾向と対策

1 ありがとうを伝える

　教室に入って黒板がキレイになっていたなら，感謝の気持ちを「ありがとう」という言葉で伝えましょう。

　もし，目の前で黒板をキレイにしてくれていたなら，そ

の場で「ありがとう」を伝えます。もしかしたら，恥ずかしさから「Thank you」と言いたくなるかもしれませんが，「ありがとう」の方が想いが伝わります。すでにお気づきと思いますが，このタイミングで「ありがとう」を言うためには，チャイムが鳴る前，休み時間の内に教室に入らなければ不可能です。

また，教室に入ったときにすでに黒板がキレイになっていたときには，板書を始める直前に「キレイな黒板をありがとう」と生徒の方を向いて伝えます。

○○先生はやったことに対して「ありがとう」を返してくれるという事実が生徒を動かしていきます。

2 よろこびを与える

美しい黒板は誰が見ても気持ちが良いものですが，なかなかキレイにならないという日もあります。実は黒板の消しづらさはその日の湿度と関係しています。なので特に冬場は消しづらいということになります。

湿度が低いと消しづらいのならば，黒板消しに湿り気を与えましょう。具体的には，霧吹きを二，三吹きしたところにさっと黒板消しを通して湿り気を与えます（濡らすのではありません）。この裏ワザの効き目は抜群で，生徒たちは「ホントだぁ！　スゴイ～！」と目をキラキラさせて黒板を拭き始めます。

翌日，友達にこの裏ワザを得意気に伝授している姿は何度見ても微笑ましいものです。

（高橋　勝幸）

第2章●学級がうまくまわる！ 係活動・当番スキル30

給食当番

午前の授業も終わり，いよいよ給食時間。急いで教室に入ると，配られているのは牛乳や箸のみ。まだ，エプロンをつけている最中の当番までいる。慌てて教師が手伝って，やっと「いただきます」。片付けの時間があるので，全員がせわしなく食べる。誰もが経験したことのある光景ではないでしょうか。

食べる時間を確保するには，当番をテンポよく進めていくことが絶対条件です。では，どうすればスピード感のある配膳ができるのでしょうか。

スピードを上げるためのお膳立て

お膳立てには，「早いスタート」「仕事内容の明確化」「人数確保」の三つがあります。生徒が一目で自分の仕事を確認できるようにできれば，より迅速にできます。

傾向と対策

1 作業割を決める

担当を決めずに給食準備を始めると，盛り付けた皿や牛乳などを配ろうとする生徒が多くなります。結果として，配膳する生徒が不足し，配膳完了までに時間がかかってしまいます。年度初めに作業割を決めましょう。

第2章 学級がうまくまわる！ 係活動・当番スキル30

作業割は見やすくまとめ，学級に掲示しておきます。オススメはホワイトボードを使った掲示です。生徒名

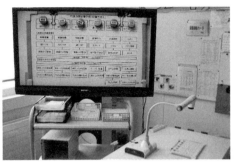

が入ったマグネットを貼り付けることで，「今日の担当が誰なのか」が一目瞭然になります。教室に実物投影機がある場合は，テレビに映しておくとより効果的です（写真）。この方法には「作業割を確認する時間を省き，早いスタートができる」「当番を忘れている生徒を確認しやすい」などの利点があります。

2 手伝い班を割り当てる

1班の人数は6～7人だと思います。盛り付けに4人必要とすると，2～3人ですべてを配らなくてはいけません。当然，配るスピードは下がり，配膳台に食器がたまっていきます。そこで，配るだけの「手伝い班」を割り当てます。この方法は，当番に欠席者がいたときにも効果を発揮します。配る生徒の数は確保できているので，給食当番全員を配膳担当に替えることができます。盛り付けに集中させることで，スピードダウンを防ぐのです。

（山﨑　　剛）

第2章●学級がうまくまわる! 係活動・当番スキル30

給食当番

ソフト編

毎日,給食当番を観察していると
①牛乳・箸などの配付
②○個ずつと決まっているおかず
③ご飯など数で決められないもの

の順で配膳されていることに気づくはずです。順調に取り組んでいるようにも見えますが,これこそが食べ始める時間を遅くさせている原因の一つです。この項では,少しの工夫でスピードアップでき,よくある不満も防ぐことができる方法を書いていきます。

③を後回しにしてしまう理由

給食時間によくある「盛り付け量の違い」によるトラブル。量が違えば,そのクレームは盛り付けた当番へと向かいます。当番は量を気にしながら配膳しなくてはいけないので,面倒な③を後回しにするのです。

傾向と対策

1 生徒同士で当番の仕事を確認する

朝学活で今日の当番を確認していると思います。忘れっぽい生徒に当番を思い出させるために行っていると思いますが,もう一歩ステップアップしてみましょう。当番生徒

全員を朝学活で前に呼びます。そこで、当番と担当の確認をします。わからないことがあれば、前日同じ仕事をしていた生徒に説明してもらい、作業方法を理解させます。

軌道に乗り始めたら、朝の確認はやめても構いません。

2 配膳完了に時間のかかるものから始める

支援を要する生徒や係の仕事がある生徒など、すぐに当番準備に取りかかれない生徒もいます。そのような生徒がご飯や汁物を担当すると、配膳完了はさらに遅れます。早く準備できた生徒が配膳に時間のかかるものを、遅れた生徒が短時間で配膳可能な仕事を担当することで、同時に終わらせることが可能です（下図）。

	授業終了		配膳完了
Aくん	準備	配膳	
Bくん	手伝い	準備	配膳

3 盛り付けルールを決めておく

先に述べましたが、「盛り付け量の違い」が食べ始めの時間を遅くさせます。ですから、「汁物は下から１回すくう」「サラダはトングで２はさみ」など盛り付けのルールもつくり、徹底させましょう。全員同じ量が配膳されるので、「○○は多くてずるい」というトラブルが解消できます。量が多すぎるという場合は、いただきますの後に自分で戻させます。

（山﨑　剛）

第2章●学級がうまくまわる！ 係活動・当番スキル30

給食準備

　給食準備が遅くなる原因は，「当番の手際が悪いこと」だけではありません。当番をテンポよく進めるためには残りの生徒の動きも大変重要だと考えています。面倒な仕事だからこそ，「給食当番だけが頑張る」ではなく「みんなで協力して終わらせよう」という気持ちをもってもらいたいものです。

準備を妨げる要因

　中学校に慣れるまでは，「教室に戻れない」ことが大きな要因です。授業の片付け（着替え）や教室までの移動に時間をとられてしまい，戻ってくるのが遅れてしまうのです。慣れてきてからは，給食準備時間を休み時間と勘違いし，教室内で遊ぶ生徒が増えることが一番の要因と考えられます。

傾向と対策

1 準備を完成させてから移動する

　この方法は4時間目が美術や体育など，教室を移動して行う授業のときに有効です。3時間目が終わったらすぐにランチマットを敷き，机を給食用の座席にしてから教室を移動します。もし，教室の移動や実験・実習の片付けなど

で，すぐ戻ってこられなくても机上の準備は完了しています。給食当番は食器や箸などを置く場所を気にする必要はありません。勿論，3時間目が理科室，4時間目は美術室など，教室を離れる授業が続く場合には，その前に準備を終わらせます。

2 教室内で遊ぶ生徒を減らす

立ち歩く生徒に「ほら。座りなさい」と言うと，大抵の生徒は座ってくれます。しかし，毎日言い続けるのは面倒ですし，「座らなきゃ」と生徒自身が思うようになってほしいものです。

私の場合，下のように給食の配り方を工夫することで座らせるように試みています。

①当番は班員分の食器を固めて置く。

②班員が数を数える。

③数が足りているときは，班員同士で渡していく。

④数が足りないときは，すぐに班員に知らせる。

当番生徒は全員の机に置いていく必要がないので，スピードアップすることができます。当番以外の生徒は仕事を与えられ，席に戻らざるを得ない状況になります。

生徒との関係ができてきたら，配膳係に「○○の机に固めて」と伝え，席に戻るのが遅い生徒の机の上にわざと置かせることもあります。そして，「○○の机上に食器がたまっているぞ～」とその生徒を急がせるように声かけをしています。

（山﨑　　剛）

第2章●学級がうまくまわる！ 係活動・当番スキル30

給食準備

【ハード編】ではルールをつくることでスピードアップを図る方法を書きました。【ソフト編】ではちょっとした遊びを入れながら，当番以外の生徒のスピードを上げる方法を書いていきたいと思います。

意識しておきたいこと

授業から一時解放されたことで気持ちが高揚し，時間への意識が薄れてしまう生徒も出てきます。しかし，給食時間は友達と楽しく会話や食事ができる時間です。余程のことがない限り，この時間はそんな生徒の気持ちを理解しながら，やんわりと面白おかしく注意することを心がけたいものです。

傾向と対策

1 教室にいない生徒を把握する

準備時間に保健室を訪れる生徒や，手を洗うついでに友達と話し，なかなか戻ってこない生徒がいます。当番が早くなればなるほど，生徒が戻ってこないことで食べられないということが出てきます。そういうときは，次のような対応はどうでしょうか。

①給食準備開始5分後に教室のドアを閉める。

②教師は廊下で生徒を待つ。

③生徒が戻ってきたら,理由を聞く。

④教師は一言話してから,その生徒を教室に入れる。

保健室で遅れた生徒には事情を聞き,食事中の様子を観察します。必要に応じて,昼休みに養護教諭と今後の対応について話し合います。遊んでいて遅れてしまった生徒には,優しく給食準備時間の動きを再確認します。お調子者や何度も遅れる生徒には,「一発芸をして面白かったら,教室に戻って良いよ」などとするのも良いでしょう。いずれにせよ,生徒を萎縮させないことを意識しながら注意します。また,戸を閉めることで「教室内に入った生徒を出させない」「おかわりのときに廊下を通らせない」という意味もあります。

2 ゲーム化して意識を高める

「生徒が教室に戻ってこない」以上に起きる問題が「ランチマットを忘れること」ではないでしょうか。教師の声かけや貸出用ランチマットの準備も大切ですが,生徒の意識を高めるために工夫を凝らしましょう。

私がよく行うのが「生活向上キャンペーン」です。チャイム着席やハンカチ点検などを各係が分担して行い,結果をポイント化します。その中の一つとしてランチマット点検を入れます。高得点の班には「席替え優先権」「おかわり優先権」などの特典が与えられます。生徒は意外に楽しみながら,声かけし合い頑張ります。

(山﨑　剛)

第2章●学級がうまくまわる！ 係活動・当番スキル30
給食のおかわり

　毎日の給食を楽しみにしている生徒は多いことでしょう。まして食べ盛りの中学生です。どんな学級でもおかわりをしたいと思う生徒が必ずいることでしょう。一方で全員がおかわりしたいというわけでもありません。生徒の希望がまちまちなのがおかわりの難しいところと言えます。

　「食べ物の恨みは恐ろしい」とも言いますし，やはり学級の全員が納得できるルールづくりが必要でしょう。

👉 おかわりが教室に与える影響

　おかわり時に絶対に防がなければならないのが，弱肉強食の論理を教室にもち込むことです。ここを許してしまったことが，最悪の場合，いじめにもつながっていきます。逆に言えば，年度当初のおかわり指導が学級に平等性を根付かせるための最初にして最大の指導であるといっても過言ではありません。

📖 傾向と対策

1 盛り付け時の大盛り，小盛りを許さない

　年度当初の盛り付けには必ず教師が立ち会うようにしましょう。汁物はお玉で一杯など，なるべく盛り方まで細かく指示します。少しずつ生徒が学級に慣れ出した頃，自分

第2章 学級がうまくまわる！ 係活動・当番スキル30

の好きなメニュー（カレーライスなど）のときに当番に大盛りを要求する生徒が必ず出ます。この1回目を教師がきちんと制止できるかが最大の鍵です。これを何度かやっているうちに学級全体にルールが浸透していきます。最初の1人目を発見するためにも年度当初の当番の様子をきちんと観察しておきましょう。

2 メニューに応じたおかわりのルールを決める

給食のメニューはご飯や汁物のようにある程度量のあるものを全員で等分するものと，焼売やゼリーなどのように一人ひとりに決められた数が当たるものとがあります。これらを一緒くたにしておかわりのルールを決めてはいけません。

具体的には，等分できるものはおかわりするメンバーを募り等分する，個数が決まっているものはじゃんけんで決めるなどの方法があります。こちらも学級のおかわりの実態に応じて，場合によっては教師の進行で進めることも含め，学級が軌道に乗るまでは十分に注意すべき場面と考えましょう。

3 イレギュラーには平等の論理で考えさせる

最近の給食は工夫されたメニューも多く，事前に決めておいたルールではうまくいかない場面もあるでしょう。そんなときは生徒に平等・公平になるにはどうしたらいいか考えさせるのもまた一手です。生徒に「平等」を考えさせる良い機会として機能します。

（髙橋　和寛）

第2章●学級がうまくまわる！ 係活動・当番スキル30

給食のおかわり ソフト編

　新しい学級をもって半年もすると，学級に様々な暗黙の了解が多く生まれます。おかわりも例外ではなく，少しずつおかわりをするメンバーが固定化されてくるものです。本当はもう少し食べたいのにと思っている生徒も，おかわりに新規参入するのは教師が思う以上にハードルの高いものです。

　「おかわり」という楽しい時間の雰囲気を壊すことなく，誰もが気軽におかわりできる環境づくりを目指したいものです。

おかわりが難しい要因

　おかわりしたいのに遠慮する，という行動をとるのは圧倒的に女子に多いようです。また，おかわりをじゃんけんで決めるような場合には新参者はおかわりの競争率を高める存在となるため，常連にもいい顔をされません。

傾向と対策

1 「レディースデイ」を設ける

　女子がおかわりしていない現状がある場合には「レディースデイ」が有効です。週に1回程度，おかわりは女子が優先的にできるようにしてみましょう。

これは初日の成否が最大のポイントです。レディースデイ導入初日はデザートなど，多くの女子が好み，かつおかわりしたくなるようなメニューの日を選びましょう。おかわりに立ちそうな女子に根回しをしておくことも欠かせません。誰かがおかわりをすれば，それにつられておかわりをする生徒も出てくるからです。おかわり常連の男子生徒から不満が出ることもあるかもしれませんが，女子がおかわりに一斉に立つ様子を見れば，男子も自分たちが今まで女子におかわりを我慢させていたことに気づきます。

　同時にメンズデイを設けてバランスをとるなど，平等感が損なわれない配慮も必要です。

2 完食チャレンジ

　一般に上級生になるにつれておかわりは減る傾向にあるようです。そんなときは完食チャレンジと称して，学級全員で給食の入っている食缶をすべて空にするという挑戦をしてみましょう。比較的好き嫌いがなく，おかわりする生徒が多いメニューの日を選び，完食チャレンジをします。各自が食べられる量を食べるなど，普段のおかわりルールをこの日だけは多少変更しても構いません。担任がおかわりするのも良いでしょう。無事完食できたら，空の食缶を持って記念撮影などをして楽しい雰囲気づくりを心がけます。

　学級や学校の実態に応じて，連続記録に挑戦したりすることもできます。いずれにしても学級全体がより楽しい雰囲気になること間違いなしです。

（髙橋　和寬）

第2章●学級がうまくまわる！ 係活動・当番スキル30

給食の後片付け

　毎日の当番活動の一つである給食の後片付け。学校のルールに沿って片付ければ良いだけと考えがちですが，実は係生徒の手抜きや不正が出てしまいやすい作業でもあります。清掃など他の活動に比べて短時間であり，さらに昼休みの時間と重なるため，教師が当番でない生徒と談笑しているうちに，生徒の不正を見落としてしまうこともあります。しかし昼休みは生徒指導などが入ることも多く，きちんと当番の様子を見守るのは難しいものです。ここではルールを決める以外の方法を紹介します。

後片付けで起こりやすい不正

　給食の後片付けで最も敬遠されるのはなんといっても手が汚れる仕事です。布巾で給食台を拭く作業やこぼれた食べ物の始末などは，立場の弱い生徒に押し付けたり，汚れがあっても見て見ぬふりをしたり，といったことが起こりやすいものです。

傾向と対策

1　5分前から片付けを始める

　食事のマナーとしてはあまりお勧めできる方法ではありませんが，給食を食べ終えた生徒は5分前になったら片付

けを始めても良いこととしてしまいましょう。これによって片付けの当番の開始時間も早まるため、教師が当番生徒の活動を見られるようになります。

5分という時間も重要です。中には5分以上前に食事を済ませてしまう子もいますが、あまり早く片付けると食事の遅い生徒へのプレッシャーとなるからです。

立ち歩くのはどうも……、という方は当番生徒のみ片付けの時間を早めるという方法でも良いでしょう。当番生徒の昼休みをきちんと確保するという観点においてもこの方法は効果的です。

2 一部を係の仕事に割り振る

定期的にローテーションするタイプの当番活動では作業を交替で行うため、平等感がありますが、その作業の腕がなかなか上がらないという欠点もあります。そこで、配膳台拭きなど一部の仕事を固定の係の仕事にしてしまうというのも一つの方法です。

こうすると仕事に対する責任の所在が明確になるばかりでなく、ローテーション制に比べて仕事の押し付け合いも起こりにくくなります。さらに、係生徒は次第にその作業に慣れていきますから、仕事の質も上がります。

当番制にする場合、係を2人以上にし、交替制にするなど、係生徒に過度の負担とならないよう配慮する必要はありますが、これなら教師が作業を見られない日があっても安心です。

（髙橋　和寛）

第2章●学級がうまくまわる！ 係活動・当番スキル30

給食の後片付け ソフト編

　後片付けは「きれいに」「公平に」行われていれば，まずは合格点と言えるでしょう。それだけに合格点に達していれば良し，としてしまいがちな活動とも言えます。

　後片付けを学級経営に生かすという視点で，もう一工夫してみたいものです。

後片付けの特徴

　給食の後片付けが他の当番活動と大きく異なるのはその単純さにあります。年度当初にきちんと片付け方を指導すれば，「やらない」という子はいても「できない」という子はまずいません。

　自分たちの仕事を受けて，次の人が作業をする，というのも大きな特徴です。学級の中に閉じられた仕事ではなく，次に仕事をする人がいる，という特徴もぜひ指導に生かしたいものです。

傾向と対策

1 支援を要する子の活躍の場とする

　同じ当番活動をするメンバーの中に，支援を要する生徒がいた場合，他の係生徒は様々な場面でその生徒のフォローにあたります。例えば給食準備においても，熱い汁物の

盛り付けは難しく，その生徒には任せられないなどという場合もあるでしょう。

しかし後片付けならば，誰でも行うことができます。ここで支援を要する生徒が頑張って仕事をする姿を他の係生徒に見せるのです。具体的には欠席した生徒がいた場合，その仕事を代行するなどです。特別に重い仕事を与えるわけにもいきませんが，小さな＋αを積み重ねさせていくのです。

このような行動から，同じ班の生徒は「あぁ，あの子も頑張っているなぁ……」という心象を抱き，様々な場面で前向きにフォローしてくれるようになります。

2 感謝状

自分たちが片付けた食器はその後，調理員さんによってきれいに洗われ，また給食を作ってもらっています。そんな支えがあることに生徒はなかなか気づきません。

そんなときは，一年の終わりなどの節目の時期に，調理員さんへの感謝状を作ってみてはどうでしょう。寄せ書きの要領で一人一言書くようにすれば，手間もそれほどかかりません。事前に栄養教諭などと打ち合わせをした上で，後片付けをした給食の上に感謝状をそっと載せておくだけです。

感謝の心を言葉にするという体験を通して，自分たちを支えてくれている人の存在に気づかせ，感謝の心を育てることができます。

（髙橋　和寛）

第2章●学級がうまくまわる！ 係活動・当番スキル30

給食の密売

ハード編

「それ，食べないの？ もらっていい？」
「え？ うん，いいよ。あげる」

一見，他愛のない給食時間の一コマのように思えます。ともすると，食べられないものを代わりに食べてあげようという思いやりにすら感じてしまうかもしれません。

しかし，これを許してしまうと，おかわりにおける秩序は途端に崩れてしまいます。発言力のある生徒や要領の良い生徒だけが得をしてしまうことになりかねません。そうならないように手立てが必要です。

給食におけるルールづくり

給食のルールは学級運営に関わってくる大切な要素です。今も昔も「食べ物の恨みは恐ろしい」のです（笑）。体格の良い生徒も，華奢な生徒もルールのもとで平等でなくてはいけません。おかわりのルールをつくるとき，大切なのは平等性です。

傾向と対策

1 係に仕事を割り振る

給食時間には班ごとに，机を向い合わせにするなどして食べる学級が少なくありません。そして教師は教卓で給食

をとる。すると、教師の側からはどうしてもいくつかの死角があり、すべての生徒の細かな様子までは把握できません。

そこで給食の個人的なやりとりが起きないように、点検を各班の係に割り振ります。できるだけ関連のありそうな係が良いでしょう。保健係や体育係などが妥当でしょうか。該当する係がない場合は班長でも構いません。

また、「いただきます」の前に、余っている個数を確認しておくことも大切です。その日の欠席者と照らし合わせて確認します。時には、欠席者の席にうっかり配られている、なんてこともあります。こういったことが頻繁に起こると誰が正式におかわりをしたのかわからなくなります。

2 ルールを徹底する

中学校の給食時間はそれほど余裕があるわけではありません。1年生は時間内に食べ終えられないという生徒も珍しくありません。そこで、事前に食べられない量が配膳された場合は、「いただきます」の挨拶の後で、箸をつける前に戻すよう指導しておきます。

そのルールを徹底していても、最初は食べられると思っていたが、時間が経つにつれて、やはり食べきれないと悟る生徒もいます。そういうときに個人的やりとりが生まれる可能性があるのです。そこで、「ごちそうさま」の5分前から食器を下げ始めても良い、というルールをつくります。そうすることで、まだ食べ終わっていない生徒がはっきりし、その生徒に目を配りやすくなります。

（渡部　陽介）

第2章●学級がうまくまわる！ 係活動・当番スキル30

給食の密売

ソフト編

　個人的なやりとりは，秘密裏に行うからいけないのです。みんなの了解を得て，自分の食べられないものを，他の誰かに食べてもらうことは，咎められるようなことではありません。

　つまり正式なやりとりは構わないが，密売のようなやりとりはダメだということです。そんなことを許せば，給食時間は，一瞬にして戦場さながらの無法地帯と化します。そうならないよう，生徒たち自身が秩序を守れるようになれば教師として嬉しい限りではないでしょうか。

個人的なやりとりが起こる理由

　やりとりが起きる理由はいくつかあります。食欲旺盛で物足りない生徒がおかわりをしたいといった場合。また，残してはいけないという強迫観念にかられて誰かにあげてしまうこともあります。解決にはそれぞれの理由を解消するような策が必要です。

傾向と対策

１ おかわりは平等に行う

　おかわりにはルールが必要です。それも平等なルールが。例えば，牛乳やコロッケなど個数が限られているものの場

合，じゃんけんでおかわりできる人を決めます。こういった平等なルールは，個人的なやりとりを防ぐことにもつながります。しっかりとした秩序がある集団において，誰かがその秩序から逸脱しようとしたとき，周囲がそれを許さないようになります。

「それ，食べないの？　もらっていい？」

「ダメだよ。お前だけずるいぞ。じゃんけんだ」

というように，生徒たち自身で秩序を守るような動きが出てきます。

2 残すことに対する指導を強めない

「残さず食べなさい」

私が小さかったとき，親からよく言われた言葉です。本来，私も給食を残さず食べてほしいと願っている一人です。しかし，その指導を必要以上に強めてしまうと，教師の目をかいくぐって個人的やりとりが生まれてしまいます。

では，食べ始めてから食べきれないことに気づく生徒の場合はどうするか。そんなときは，教師を通して，誰か食べてくれる人を探します。

「先生，僕これ食べきれません」

「そうか，じゃあ誰かこれ食べてくれる人いる？」

希望者が複数いれば，またそこでじゃんけんが始まります。

このルールを何回か行っているうちに，生徒が自ら

「誰かこれ食べてくれない？」

と周囲に尋ねるようになります。　　　　　　（渡部　陽介）

第2章●学級がうまくまわる！ 係活動・当番スキル30

21 立ち食い

ハード編

　立ち食いが起こりやすい場面，それはおかわりの場面や給食の片付けの場面です。立ち食いをする生徒は，基本的に「立ち食いをしよう」と思っているわけではなく，無意識のうちに行動しています。つまり，生徒に「立ち食いはマナー違反だ」ということを意識づける必要があります。

　ただし，教師が「立ち食いはやめなさい」「立ち食いする人はおかわり禁止だ」などと頭ごなしに指導することは避けたいところです。せっかくの給食時間が，重苦しい雰囲気になってしまいます。

おかわり時間や食べ終わり時間を明確に設定

　学級開き当初から，学級のルールづくりが行われます。このとき，給食時間の約束事として，「おかわり開始はいつか？」「食べ終わりはどのタイミングか？」などを設定し，ルールを徹底させましょう。また，ルールを守れない生徒に対する指導も忘れてはいけません。

傾向と対策

1 おかわり開始時間の設定

　突然「カレーのおかわり希望者いるか？」と呼びかけた場合，生徒は無意識のうちに立ち食いをしてしまいます。

第2章 学級がうまくまわる！ 係活動・当番スキル30

そこで，4月当初から「おかわりは食事開始から10分後」といった時間ルールを決めておきます。また，「おかわり希望者は，希望する品目を完食していること」という約束を設けます。これにより，生徒は時間に見通しをもって食事をすることができます。

2 給食を食べ終わるタイミング

「ごちそうさま」の挨拶をどのような流れで行うかも立ち食い防止には必要な視点です。

4月当初から「ごちそうさまの号令がかかったら給食を一切口に入れない」というルールを設けます。このルールを徹底するために号令を次の手順で行うことを提案します。①号令係が「気をつけ」の指示を出す。②全員が食べるのをやめる。③日直が周りを確認する（担任も食べている生徒はいないか確認）。④ごちそうさまの挨拶を行う。

3 立ち食い2回でレッドカード

立ち食いの頻度が高い生徒がいる場合「立ち食いカード」を使用します。ルールは，立ち食い1回でイエローカード1枚，2回でレッドカードとなりおかわり1回休みといったシンプルなものです。ゲーム感覚で，立ち食いがダメなことを意識化させることができます。

ただし，実際におかわりが1回休みになった生徒が出た場合は，本人と話をし「立ち食いはマナー違反」であることを納得させましょう。そして，立ち食いをしないための方策を生徒とともに考えていくことも必要です。

（新里　和也）

第2章●学級がうまくまわる！ 係活動・当番スキル30

立ち食い

　私が中学生のとき，給食時間中に立ち食いをする生徒が学級に何人かいたように記憶しています。最近，そのような生徒は減少傾向にあるように感じていますが，立ち食いをする生徒が存在することは事実です。

　ここで言う立ち食いとは，文字通り立ったまま給食を食べる行為や，食べ物を口に入れたまま立ち歩く行為のことです。前者は給食の片付け場面で，後者はおかわりの場面でそれぞれ見かけます。

　食事のマナーを守り，落ち着いた雰囲気の給食時間にするためにもこれらの行為は防ぎたいものです。

立ち食い防止の観点

　立ち食いを意図した給食を運営する教師はいません。しかし，現在行っている教師の言動やおかわりの方法が，生徒の立ち食いを助長するものになっている可能性があります。自分の給食指導を振り返る必要があります。

傾向と対策

1 教師自身の言動に注意

　教師という職業は，何かと生徒を急かす場面が多いものです。給食時間でも「おかわりする人，早くおいで」とか，

第2章 学級がうまくまわる！ 係活動・当番スキル30

口にものが入っている生徒に対して「早く片付けをしなさい」などの行動を指示することがあります。これは，教師が無意識のうちに立ち食いを促していることと同じです。

また，教師自身が，給食を片付ける際，食べ物を口に含んでいたり，牛乳を立ち飲みしたりしていませんか（無意識で行っている場合がある）。生徒に立ち食いを禁止する以上，教師自身の言動には細心の注意をはらいましょう。

2 おかわりの配り方に一工夫

おかわりの方法の一つに，担任が生徒の座席をまわりおかわりを配り歩く方法があります。まずは，担任がおかわりを希望する生徒の人数を確認します。次に，おかわり分の給食を希望者全員に盛り付けてまわります。

すべての給食でこの実践を行うことは難しいのですが，おかわりのために立ち歩く機会自体がなくなるという点で効果的です。

3 立ち食い０キャンペーン

立ち食いが多い場合，定期的に「立ち食い０キャンペーン」を実施します。具体的には，学級全体で「１週間立ち食いを０にする」という目標を共有し意識を高めます。そして，各グループに１名「立ち食い監察員」を配置します。おかわり希望者は，おかわりを取りに来る前に監察員に立ち食いをしないことを確認するようにします。

このような場面を設定するだけで，生徒主体で「立ち食い」という問題に取り組むことができます。

（新里　和也）

第2章●学級がうまくまわる！ 係活動・当番スキル30

23 清掃当番

ハード編

清掃活動の主目的は何でしょうか？

「『学校をキレイにすること』に決まっているではないか」と思う方がほとんどだと思いますので，まずはその観点でハード編では公平性重視の役割分担を提案します。

👉 清掃活動の公平性を徹底する

不公平な当番活動は生徒の心を冷やし，やる気を奪います。公平性にこだわることで他の場面でも安心して活動していけることへとつながっていきます。

📖 傾向と対策

1 日々の分担の公平性

春休みのうちに担当場所とそれぞれに割り当てられる人数を確認し，綿密にシミュレーションをしておきたいものです。どの分担も休みなく動け，ちょうど同じくらいに仕事が終わる分担にします。

2 仕事の担当の公平性

効率性だけを求めるのならば，日々同じ生徒が同じ仕事

を担当すれば良いのです。その仕事に熟達するので、早く、キレイな掃除ができるかもしれません。しかしどんなによく考えられた分担でも負担の軽重があり、それが不満へとつながりやすいものです。同じ担当は2日続けてさせず、1日ごとに次の担当へとズレていく形をとります。

3 ローテーションの公平性

　1週ごとに各班の担当する清掃区域を替えることが多いと思いますが、これでは公平性に欠ける場合が出てきます。例えば、一番清掃に手間がかかる教室掃除を、ある班は5日間やったが、別の班は休日等の関係で3日間で終わったということが起きます。これで公平と言えるでしょうか？　給食当番や日直、班替えとの兼ね合いが難しい場合もありますが、「清掃の公平性」にこだわるのであれば、清掃担当を一回りしたら次の清掃区域へ変更するような形をとりたいものです。

4 チェックの公平性

　公平な分担をつくっても、公平なチェックがなければ機能しません（「定着確認の原理」）。だんだんダレてしまうのが人間の性(さが)だからこそ担当者によるチェックが大切になってきます。私の勤務校では担任が2〜3の区域を見ることになっていて、教室以外の区域は最後の確認ぐらいしかできないこともあります。そんなときには分担表を見ずに汚れ具合のみチェックしてやり直しを命じるようにしています。なぜならば、人ではなく結果で判断することが公平なチェックだからです。

（河内　大）

清掃当番（ソフト編）

 清掃当番の主目的を根幹から変え，「学校をキレイにすること」ではなく「人間として成長するため」とします。その場合，どんな方法で生徒の心を育てられるでしょうか？　その答えの一つとなるのが「自問清掃」です。全国的に実践されているのでネットでも調べられますが，ここではその概要を紹介します。

心を育てる自問清掃

 自問清掃では公平性を追求しません。基本的には生徒を管理せず，教師自身も清掃に没頭し，むしろその姿を見せて感化することを狙います（教師は指導者と言うよりは「始動者」）。

傾向と対策 ～信じて待つ～

1 しゃべるのを我慢させ，自律心を育てる

 まずは人間がもつ意思力，自律心を育てることを狙います。お互いに話しかけさせず，何分黙って頑張れるか挑戦させます。気分が乗らない，やりたくない生徒には座って休む，自問することを許可します。周りの生徒に話しかけている場合にはそっと肩を叩いて注意を促します。なかなか変化が見えなくても信じて待つのです。

第2章　学級がうまくまわる！ 係活動・当番スキル30

2 気配りで情操を育てる

言葉ではなく行為で協力することを目指します。周囲に目配りをしながら働かせる中で級友の良さにも気づかせたいところです。

3 仕事を見つけ出すことで創造力を育てる

次は，最後の1分まで仕事を探すことで創造力を伸ばすことを狙います。人が気づかない場所や人が考えられない方法で時間いっぱい働くよう語りかけるのです。

4 担任の心構え ～ほめない・比べない・叱らない～

○ほめない

ほめるというのは評価していることになり，自主性の発露を妨げます。Ｉメッセージで感動を伝えるのはOKです。

○比べない

比べるのも評価です。周りは競争相手ではなく，お互いに学び合い，協力し合う相手です。

○叱らない

生徒に対して指示・命令・注意を基本的にしません。いかに信じて待てるかが鍵と言えます。

Lv.5	正直清掃	自分の心を磨きたい日だけ働く
Lv.4	感謝清掃	感謝の気持ちで働く
Lv.3	みつけ清掃	チャイムが鳴るまで仕事を探し続ける，周りの邪魔をしない
Lv.2	気配り清掃	他人の良いところを見つけ，助け合う言葉ではなく，行為で協力
Lv.1	がまん清掃	他人の邪魔をせず，黙って働く 15分間，最後のチャイムが鳴るまで

(参考文献：平田　治『子どもが輝く「魔法の掃除」「自問清掃」のヒミツ』三五館，2005)

（河内　　大）

第2章●学級がうまくまわる！ 係活動・当番スキル30
ほうきのかけ方

　ほぼ毎日行われる清掃活動。中学生は「清掃は大切だ」とわかっていながらも，実際にきちんと清掃活動ができないことがあります。すると，「そこ，ほうきを振り回して遊ばない！」とか，「○○くん，集めたゴミが散らかっている！」などと声を荒げる指導になってしまいがちです。

　そうならないためには，まず「ほうきの使い方」から粘り強く教えていきましょう。

ほうきの種類

　学校で使われているほうきは，主に２種類あります。「自在ほうき（回転ぼうき）」と「土間ほうき」です。「自在ほうき（回転ぼうき）」は，教室や廊下，階段などの綿ぼこりや毛髪などを掃くのに適しています。「土間ほうき」は，生徒玄関，コンクリートやアスファルト，外回りなどの土や砂，紙くず，集めた埃，落ち葉などに適しています。

傾向と対策

１ 事前に使い方を確認する

　「自在ほうき（回転ぼうき）」は，教室清掃で使うことがほとんどです。このほうきは，埃を立てないように掃き進める「押さえ掃き」用の道具として使います。ですから，

ほうきをむやみやたらに動かさずに，やさしく静かに掃くように指導しましょう。ですが，大人でも柄の長いこの自在ほうきを操るのは意外と難しいものです。そこで，ポイントとしては，①左手は柄の端にのせて握り，右手は左手の30cm程度下を握る，②まっすぐな状態から15°～30°寝かせて，軽くそっと押さえるように掃く，③自在ほうきの毛先を床から離さない，と指導してみましょう。

次に「土間ほうき」は，大きなゴミを掃くときに使ったり，手元に残ったゴミをちりとりに向かって掃き取る「さらえ掃き」用の道具です。このほうきは，一度掃いたところを少しかぶせて掃くようにすると，掃き残しが少なくなります。ポイントとしては，①柄の中間くらいを親指を下に向けて握る，②ほうきの先を見て，少しかぶせ掃きする，③床を擦るように掃くことです。特に③は，「擦るように」と意識させれば，ほうきを振り回して遊ぶ生徒がしだいに減っていきます。

2 掃き掃除は，四隅を意識する

床を掃くとき，最初のうちは「へびの字型」で掃くように指示しましょう。これは，教室を横切るように掃き進んでいきます。前から後ろへと一方方向で掃いていくと，教室の端や四隅に埃などが残りやすく，たまってしまいます。ですが，へびの字型で繰り返し掃いていくと，掃き残しが少なくて，効率的です。この際，埃がたまりやすい教室の端や隅を意識できるように声かけをすることで，生徒も意識的に隅まで掃くようになっていきます。　　　（北原　英法）

第2章●学級がうまくまわる！ 係活動・当番スキル30

ほうきのかけ方

　全員が掃き清掃を行うには，効率よく，きれいになる掃除の仕方や手順を生徒が身につけることです。そのために，生徒たちが自ら清掃できるチェック体制をつくりましょう。

ほうきがけがうまくいかない理由

　教室の掃き清掃では，ただ反省会だけをしても生徒は自ら掃き清掃を行う意識は芽生えません。生徒がどこを，何を使って，どのように掃くのかを知ることです。

傾向と対策

1 教室を３ヶ所に分ける

　教室をＡ（窓側），Ｂ（中央），Ｃ（廊下側）の３ヶ所に分けます。Ａ（窓側）やＣ（廊下側）の箇所を担当した生徒たちには，教室の端と隅を掃くので，「自在ほうき（回転ほうき）」でその角をきちんと清掃させます。それぞれの箇所で集めたゴミは，最後はＢ（中央）に集めます。ここで集めた埃やゴミを，「土間ほうき」を使って集めると効率的です。教室の前面を掃くときは，真ん中から黒板に向かって進みましょう。教室の後面は，その逆に進みます。

2 清掃チェックを機能させる

　ほうきのかけ方を身につけさせるには，教師の清掃チェ

第2章　学級がうまくまわる！ 係活動・当番スキル30

ックポイントが大切です。教室清掃なら，隅のゴミがたまりやすい所や，ちりとりでのゴミを取り残しやすい所，ゴミ箱の周りなどです。これらのチェックポイントが合格できなければ，もちろんやり直しです。4月～5月にかけて入念に行うと，生徒たちもチェックポイントがわかり，教師不在でも自主的に清掃を行うようになります。

また，教室清掃班が新たに替わったときには，前まで教室清掃担当だった生徒をコーチ役にすることも有効です。コーチ役の生徒が，「ここの隅がきれいにできていないと，合格しないよ」とか「ほうきはこう使うんだよ」などを伝えるようにします。すると，教え合う中で，自主的に「ほうきかけ」に取り組んでいきます。教師に教えられるよりも，生徒同士の方が身につきやすいこともあるのです。

3　清掃用具もしっかりと整理整頓する

「自在ほうき（回転ほうき）」や「土間ほうき」をきちんと片付けるまでが，清掃の時間です。ここでは，次に使うときにきれいに使える，次の人がすぐに使えることを意識させましょう。「自在ほうき（回転ほうき）」は，金グシなどで絡んだ埃を取ります。教室中央に集めたゴミを取るときに一緒に行います。用具箱へしまうときには，ブラシ部分が直接床に触れないようにつり下げるか，逆さまに立てましょう。「土間ほうき」も同様です。

教師が一度，清掃用具の正しい置き方を写真で撮り，清掃用具箱内に貼っておくと効果的です。生徒たちが，正しく片付けをする習慣まで身につけていきます。(北原　英法)

第2章●学級がうまくまわる！ 係活動・当番スキル30

雑巾がけ

雑巾を正しく絞ることができない生徒たちが，増えています。ほうきと同様に，各家庭で雑巾を使うこともなくなっているので当然のことでしょう。ですから，「生徒たちは，雑巾のしぼり方からわからない」と思って，まずは「雑巾のしぼり方」から根気強く指導していきましょう。

雑巾がけで起こりやすい特徴

雑巾をしぼるとき，生徒が「横しぼり」をしている姿をよく目にします。むしろ，それが当たり前だと思っているくらいです。まれに，グーのような「握りしぼり」をする生徒もいます。「縦しぼり」を教えてあげないと，教室中がビショビショになってしまいます。

傾向と対策

1 雑巾は「縦しぼり」で行う

「縦しぼり」は，右手を上，左手を下にして，両方の手のひらを自分に向けます。そして，その上に雑巾を縦にのせて，野球のバットや剣道の竹刀を持つような感じで握ります。脇を軽くしめて，手首を内側にしぼり込むようにすると（前に押し出すような感じ），無理なく力が入りきちんとしぼれます。

2 たたみ方と拭き方を意識する

　床拭きのときには，雑巾を二つ折りにして拭くことがお勧めです。広げたままで雑巾がけをしても，意外と力が入らず，一度で拭き取れる汚れも取れないことがあります。ですから，たたんで拭く方が力も均等に入り，汚れが落ちやすくなります。机拭きのときには，四つ折りにして拭くように指導するのも良いでしょう。

　一度拭いたら，2度目は違う面で拭くように指導します。雑巾がけを嫌がる生徒は，汚れた面を手で触りたくないので，すぐにバケツで水洗いしたがります。そこに時間がかかり，限られた清掃時間も雑巾がけで終わってしまう可能性もあります。ですが，二つ折りにしておけば，このような心配もいりません。

3 雑巾がけも，四隅を意識する

　ほうきの掃き清掃と同様に，雑巾がけもまた教室の四隅もきれいにするように意識させましょう。これは床拭きでも，机拭きでも，ロッカー拭きでも同じです。例えば，床の雑巾がけは，担当の生徒を並べて一斉に「よーい，どん」の方法もあります。ですが，最初の頃は，担当の生徒を順番にスタートさせる方が，拭き残しが少なくなります。最初の生徒がスタートしたら，3cm程度重なるように拭かせると良いでしょう。また，隅や角を拭くには，雑巾の右手側（左手側）を壁にくっつけて，教室を一周するように指示することも効果的です。

（北原　英法）

雑巾がけ

何度も担当箇所を往復したり，汚れを一所懸命にこすって落とそうとしたり，頑張って雑巾がけをしている生徒をよく見ます。一方で，床にまだ汚れが残っているのに見て見ぬふりをしたり，雑巾を足で踏みながら拭こうとしたりする生徒もいます。全員が，一所懸命に雑巾がけをするために，ちょっとした工夫をしてみましょう。

雑巾がけがうまくいかない理由

生徒にとって清掃が嫌いであったり，学級や学校をきれいにしようというモチベーションが低かったり，すぐにふざけてしまう傾向があると，雑巾がけはなかなかうまくいきません。注意だけで清掃時間が終わってしまうこともあります。これを繰り返すと，生徒の清掃への意識がさらに低下することは言うまでもありません。

傾向と対策

担当箇所を二人一組にする

雑巾がけが嫌いな生徒は，自分の周りを少しだけ行って，すぐに終わらせようとします。ですから，担当箇所を二人一組にして雑巾がけをさせましょう。その際には，隅を必ず拭くこと，一度拭いても落ちない汚れは集中的に拭くこ

第2章 学級がうまくまわる！ 係活動・当番スキル30

とを約束させましょう。すると，担当箇所に責任をもつので，雑巾がけを積極的にしていくようになります。

2 暇を与えない

雑巾がけが終わったら，次にどうするのかをはっきりさせておきます。他の場所を手伝うように指示すると，逆に邪魔をしてしまう危険性もあります。ですから，雑巾がけが終わったら，「別の仕事をお願いする」などという約束をしておくことが大切です。

また雑巾がけの前後をデジタルカメラで撮っておき，きれいになった箇所を学級で見せることも効果的です。視覚的に見て，初めてわかることもあるのです。すると，これまで以上に雑巾がけを意欲的にする生徒も増えてきます。

3 ほめたり，保護者へ伝える

担任の先生が嬉しそうにほめることで，生徒の雑巾がけに取り組む姿勢が変わってきます。それは，生徒が自分の行動を認められたと感じるからです。「○○くんは，こういうところまで気づき，きれいにしてくれて，ありがとう」「○○さんは，担当箇所以外のところまで，雑巾がけしたんだね。気が利くね」などの声かけです。すると，自主的に清掃に取り組むようになってきます。また，保護者にもその様子を伝えると，さらに効果的です。家で親にもほめられ，認められることが，生徒が自ら進んで清掃をするモチベーションを上げる一番の特効薬だからです。

（北原　英法）

第2章●学級がうまくまわる！ 係活動・当番スキル30

掃除をサボる子

　掃除当番にもかかわらず，生徒が担当場所に姿を現さないことを「掃除をサボる」と言います。したがって，「掃除をサボる子」といった場合，①当番であることを忘れてしまった「うっかりサボり」と，②当番であることを知っていながら掃除場所へ行かない「意図的サボり」の二つの意味を含んでいます。また，前者は掃除に参加すれば自分の役割をこなすのに対し，後者は掃除場所に来ても掃除をやろうとしない傾向にあります。

うっかりサボりの原因

　「うっかりサボり」をする生徒は，そもそも掃除当番に対する意識が低い傾向にあります。そのため「うっかりサボり」が多く見られるのは，掃除当番の変わり目です。担任は，この変わり目の指導を意識する必要があります。また，掃除に対する意欲を高めるために，掃除に関する様々な方法を教える必要もあります。

傾向と対策

1　掃除当番の変わり目に声かけを

　掃除当番のグループが替わる月曜日の朝の会。ほとんどの場合，この場で掃除当番が替わることを確認します。日

直や担任が「今日の教室掃除は1班,特別区域の掃除は4班です」と言って終わるケースが多いでしょう。

しかし,これでは「うっかりサボり」は繰り返されます。このような傾向にある生徒には,個別に直接「そういえば,○○くんは今日,教室掃除だね。頼むよ」と一声かけてあげましょう。この一言があるだけで掃除当番であることを意識させることができます。

また,同じ班の仲間同士で,掃除当番であることを確認させることも方法の一つです。一斉指導では「掃除当番は自分だ」と意識できない生徒でも,グループで確認すれば「自分も当番だ」という意識をもたせられます。

2 掃除の正しい方法を教える

掃除の際に充実感や達成感を味わえる瞬間は,自分の手で掃除場所をきれいにできた瞬間です。そのためには,正しい掃除方法を教える必要があります。

学級全体に指導する共通の掃除方法があると思いますが,この他にも裏技のようなテクニックがあれば「うっかりサボり」傾向の生徒にこっそり教えてあげましょう。こうすることで,次の掃除で裏技を使ってみたいという意欲が生まれ,きれいにできたという事実が次の意欲につながります。当然,きれいにできたときは心から褒めましょう。また,掃除がうまくできていないときは,教師が積極的に教えましょう。同じグループの生徒同士で教え合う機会を設けるのも方法の一つです。

(新里　和也)

30 掃除をサボる子 ソフト編

第2章●学級がうまくまわる！ 係活動・当番スキル30

　掃除をサボる生徒への指導で最も難しいのは，「意図的サボり」をする生徒への指導です。一歩間違うと学級全体の規律が乱れることとなります。

　放課後の掃除時間，気がつけばいなくなっている意図的サボりの生徒はいませんか？　このような生徒は，強制的に教室に残しても基本的に掃除をやろうとしません。どのような対策を講じれば良いのでしょうか。

学級全体で包み込む

　教師を含む学級全体で，「意図的サボり」を行う生徒に対する理解を深める必要があります。ただし，「○○だから仕方ない」といった雰囲気があるようではいけません。教師・生徒ともに「どうすれば○○を掃除に参加させることができるのか」を考えていくことが大切です。

傾向と対策

1 サボり生徒の長所発見

　掃除当番をサボる生徒であっても，何かしらの形で学級に貢献しているものです。

　例えば，サボり傾向の生徒Aがいるとします。Aは，日直の黒板消しの仕事だけは積極的に行います。Aが黒板を

消している姿を見かけたらすかさず褒めます。ただし「それを掃除でやってくれよ」などと言って,掃除当番と関連づけてはいけません。あくまで黒板を消したという行為と,「きれいにした」という結果を褒めるのです。しかし,すぐに結果は出ません。地道に声かけを行う必要があります。

2 黒板隊長に任命する

上の例で,Ａが黒板消しに自信をもった場合,掃除当番で「黒板隊長」に任命します。この役職は掃除当番のとき,黒板消しのみを担当し,黒板をきれいにする役職です。自分の得意分野に専念させることで,掃除当番への参加意欲を高めることが目的です。

このような特例を設ける場合,担任は,「先生がＡを黒板隊長に任命した」という姿勢を貫くことです。この点をしっかりと強調しなければＡに「何でも自分の思い通りになる」と勘違いさせる結果となります。そのため,職務を全うできなければ,本人と相談の上,隊長職を取り消すことも考える必要があります。

3 級友の温かい声かけ

様々な取り組みが考えられますが,一番の支えとなるのは学級の仲間たちの声かけです。「Ａくん,今日掃除当番だよ」「一緒に掃除しよう」と絶えず声をかけてくれる仲間がいれば,何回かに一回は掃除に参加するようになるかもしれません。そうした成功体験を一つずつ積み重ねていくことが,学級全体およびＡの成長につながります。

(新里　和也)

第3章

安心感と機能性を高める！
教室環境スキル10

第3章●安心感と機能性を高める！ 教室環境スキル10

教室に置く文房具

　学級の環境を整えるうえで，文房具の設置は大切なことの一つと考えましょう。生徒が道具を忘れてしまったり，教師が準備にもたつくことは授業の雰囲気に影響します。

　また，ちょっとした楽しいイベントなどにも活躍するので，準備に力を入れることをおすすめします。

使いやすく片付けやすい環境

　道具を設置する場合は，わかりやすく片付けやすいことを第一に考えます。「借りた物は責任をもって返す」という指導にもつながります。

傾向と対策

1 具体的な個数と片付け方

　個数は生徒の実態や目的によりますが，基本的に一班に対して3個と考えます。学級人数分の個数があると効率は良いですが，生徒間のコミュニケーションを増やすため，あえて班に3個とするのも良い手段です。

　片付けはラベリングと小分けが有効です。文房具ごとに専用の箱を用意し，誰でもわかるようにラベリングします。活動時は教卓に並べ，元の箱に入れることを徹底します。個数を表記しておくと，さらに管理がしやすくなります。

第3章 安心感と機能性を高める！ 教室環境スキル10

よく使用する，はさみやのりはできるだけ同じ種類（メーカー）で揃えると，生徒が迷わず片付けがしやすいです。最初は「できて当たり前」ではなく，教師の監視の下，貸し出しや返却確認をし，褒めてあげましょう。

2 具体的な用具

- □《のり》スティックタイプで太いもの。細いと消費が早く，折れてしまうことが多いです。
- □《はさみ》先が尖っておらず，指を入れる部分が大きい物。中学生の手は意外と大きいです。
- □《セロテープ》テープカッターは重いものが使いやすいです。落とすと破損します。設置場所に工夫が必要です。
- □《定規》三角定規，15cm，30cm，1mがあると便利です。破損しやすいので管理に工夫が必要です。
- □《点検はんこ》すぐに返却する提出物に使います。
- □《太い油性マジック》生徒は持っていません。多色セットを班の数は用意したいものです。
- □《ビニール袋》給食時の割れ物，汁物をこぼしたとき，チョーク受けの清掃など何かと使用します。
- □《付箋》提出物の点検時に使います。
- □《折り紙や色画用紙》道徳や教科で活躍します。
- □《コピー用紙》グループ討論，アンケートなどに利用することができます。
- □《その他》裁縫道具や輪ゴム，クリップ，筆記用具があると良いでしょう。

（長尾　由佳）

第3章●安心感と機能性を高める！ 教室環境スキル10

2 教室に置く文房具 ソフト編

　文房具は基本，個人で用意するべきものですが，教室にもあると大変重宝します。生徒はもちろんですが，担任や教科担任も活用できます。

　道徳や各教科で急遽使用する場合や，忘れた生徒への対応として教室には文房具を常備したいものです。

公共物を自由に使えるということ

　最近は自分の持ち物を含め，「物を大切にする」という考えをもった生徒が少ないように感じます。誰でも自由に使える物を教室に用意しておくことは，生徒に物への考え方を指導できる良い機会です。

傾向と対策

1 信頼関係を学ぶ

　「公共物＝自分の物ではない」という考えから，公共物を大切にできない生徒も少なくありません。自分の所有物なら責任も意識できますが，所有者を意識しにくい物については，自分に責任がないと感じているようです。

　そこで，自由に公共物を使うということは，準備した人と信頼関係があるということを理解させましょう。「準備した人は大切に使って，返却してくれると信じている。だ

から，考えて使ってほしい」といった内容で語ります。また，生徒を信じているから，約束が守られないときは悲しいという気持ちも付け加えたいですね。

学級では準備をするのは教師ですが，社会に出ると優しさから，見ず知らずの人が用意してくれている物がたくさんあります。生徒には，そんな周りの思いやりにも気づいてほしいものです。

ここで約束事もしっかり確認します。内容的には「必ず返却」「破損時は報告」「補充や新しい設置の希望を受け付ける」「教科での忘れ物は，教科担任に報告して借りて良いか確認する」といったものです。もちろん約束を守れない場合は，貸し出しができなくなってしまうことも付け加えましょう。

2 設置場所の確認

文房具の内容，設置場所は全体で確認します。全体で確認することで生徒間のやりとりが増え，自分たちで対処する力もつきます。本来教師が言うであろう「はさみならそこにあるよ」「あっ，そうか」「ちゃんと返すんだよ」といった会話も生徒間で生まれるでしょう。

教師もそうですが，生徒にとっても道具が揃っているということは，活動に対する安心感を生みます。学級の環境を整え，生徒に安心感のある空間を提供しましょう。充実した環境は活動内容に幅をもたせ，また，生徒のやる気を引き出すことでしょう。

（長尾　由佳）

第3章●安心感と機能性を高める！ 教室環境スキル10
掲示物

　学級での掲示物の役割の多くは、「お知らせ」です。お便りや通信、呼びかけポスターなどがあります。

　また日程や係、提出物や割り当てなど確認のために必要なものもあります。知りたいときにすぐに調べられることも重要な役割です。生徒が使いやすい掲示物を目標に、担任は工夫をしましょう。

明るく落ち着いた掲示物

　学級は掲示物によって、雰囲気が変わります。ただし、生徒が作る学級旗や班ポスターは完成するまでその雰囲気がわかりません。そこで、担任が用意する掲示物は統一感を意識し、明るいが落ち着いた雰囲気をつくることを目標としましょう。

傾向と対策

1 色を意識する

　掲示物の色は教室内の雰囲気をつくります。ほとんどの掲示板が地味な色を使っているため、落ち着きはあるのですが、明るさや華やかさに欠けます。

　そこで、担任はできるだけ明るい色調を選び掲示物を作りましょう。ここで注意してほしいことは、あくまでも勉

強をする空間だということです。色を多用しごちゃごちゃと落ち着かない雰囲気をつくらないことを意識しましょう。

また，生徒の作るものは，色数が多く華やかな色を選択することが多いため，落ち着いた雰囲気の掲示物になることが少ないことも，頭の片隅においてください。

考え方としては，テーマカラーを決めると迷うことが少ないです。色数を増やすのであれば，類似色を選択し，暖色系や寒色系といった大きな括りで色を選択します。担任がつくりたい学級のイメージを色で表現するのも楽しいですし，生徒とイメージカラーを考えるのも良いと思います。

2 見出しをつける

掲示物は「わかりやすい」「見やすい」「探しやすい」が基本です。しかし，通信などのプリント類は紙の色が同じで，生徒が目的の提示物を探すのが困難です。

そこで掲示物には見出しを色つきで作ることをおすすめします。学級通信 当番表 と簡単な見出しがわかりやすいです。台紙はプリントより若干大きめのものを用意すると良いでしょう。掲示板との境目がはっきりして探しやすくなります。見出しと台紙の色は統一します。台紙は色画用紙で作る場合と市販のファイルなどを使用する場合がありますが，基本の色選択は同じです。

掲示物は学級を機能的にします。また，色を意識することで，他学級と違った個性を出すことができます。まずは担任が楽しんで工夫していくことが大切です。

（長尾　由佳）

第3章●安心感と機能性を高める！ 教室環境スキル10

4 掲示物

ソフト編

　掲示物は教室の雰囲気や学級の特徴が出るものです。学年で統一する学校もあると思いますが，原則的には学級によって雰囲気が違ってくるものです。生徒に「自分の教室」という安心感と帰属意識を感じさせるには良い手段の一つだと思います。

　また，掲示物制作は生徒に任せても良い活動なので，楽しんで取り組ませることを目標としましょう。

学級の個性を出す

　掲示物は「わかりやすい」「見やすい」を基本としますが，内容によっては学級のイメージを表現することもできます。個性のある掲示物は学級を明るくします。また，生徒にとって教室がなじみやすい，自分の部屋のような安心感のある空間になります。

傾向と対策

1 班ポスター制作での工夫

　班ポスターとは，班のメンバーや係の仕事内容などをわかりやすく掲示するものです。班で初めて一つのものを作る活動になります。

　学年によっては，統一した形態で揃えるところもあるで

第3章 安心感と機能性を高める！ 教室環境スキル10

しょう。代表的なものは，表になるように一人の画用紙の大きさや形をそろえて書き込む方式です。後は縦列は係，横列は班と並べて掲示します。この場合，単調な掲示物になりがちなので，画用紙の色やマジックの色，文字の大きさに配慮し工夫しましょう。

2 班ポスターを楽しんで作る

この他に，書き込む内容は決定していますが，形態は自由という方式があります。この方式は生徒が楽しんで活動できます。しかし，工作の苦手な生徒は苦労します。また時間がかかることが欠点です。

そこで，班で話し合う時間を短縮するために，明確なテーマを提示しましょう。例えば，「ほ乳類・は虫類・魚類・昆虫・植物」などイメージしやすいテーマを班の数だけ用意し，選んでもらいます。

制作で気をつけるのは，形にこだわり内容の記述が小さくなってしまうことです。そこで，あらかじめ人数分の決まった大きさの画用紙を用意し，画用紙いっぱいに生き物を描くことを確認します。台紙は四つ切り画用紙にし，できた個人の画用紙を貼り付けていきます。貼り付ける際，多少のはみ出しは良しとすると，ポスターに動きが出ます。

さらに，この方式で気をつける点は，掲示板の色と台紙の色を考慮し，画用紙の色を選択することです。

多少時間がかかりますが，班で笑って楽しくなりますし，得意な生徒は出番ができます。

（長尾　由佳）

第3章●安心感と機能性を高める！ 教室環境スキル10

棚の使い方

教室に据え付けられている個人用の棚（ロッカー）。

担任としては，いつも整然と気持ちよく活用してほしいと願うところですが時間とともに乱れていく……。毎年こんなことを繰り返してはいないでしょうか。

理想を言えば自分たちで管理してほしいところですが，最初からなかなかそうはいきません。まずは，基本的なルールを示し，少しずつ教師が手を離していくというのはどうでしょうか。

ルールを決める

最初から細かいルールを設けたりせず，「置いていって良いものリスト」を作って教室に掲示し，誰が見てもひと目でわかるようにします。また，例えば，美術は教科書を置いていっても良いが，音楽はダメなどということにならぬよう，教科間での調整をしておくことも必要です。できるだけ全校で差が生じないようにします。

傾向と対策

1 チェック機能をもつ

月に一度の委員会活動日に，学習委員会で各教室を回って利用状況をチェックし，違反があれば翌日の朝の会で学

第3章 安心感と機能性を高める！ 教室環境スキル10

級にその旨報告し，改善するよう伝えます。ただ，このシステムは月に一度のチェックとなってしまうので，この他にも毎週金曜日の帰りの会で，棚を整理整頓してから帰るよう声かけをします。

2 置き方は「縦置き」が基本

棚は写真のように「縦置き」で使います。理由は，この方が整理しやすいからです。しかし，問題点もあります。場合によって教科書類が

反って倒れてしまうことがありますが，これには市販のブックエンド（100円ショップで売っています）やリコーダー，絵の具を使って対応します。

さらに問題なのはプリント類の処理です。これが棚の美観を著しく損ねています。生徒向けのプリントは穴を開けて配り，ファイリングすることを徹底しますが，支援を要する生徒はそうはいきません。整理のときに一緒に「このプリントは捨てる？」とその都度その都度確認して処理します。ポイントは「とっておく？」ではなく「捨てる？」と訊くこと。これにより作業のスピードは大幅にアップします。一緒に作業して「きれいになった」という体験を重ねて，自尊感情を高めていきましょう。

（高橋　勝幸）

第3章●安心感と機能性を高める！ 教室環境スキル10

棚の使い方

ソフト編

　以前，ニューヨークのジュリアーニ市長が唱えた「割れ窓理論」は，一部の乱れた状況を放置しておくと，その乱れはどんどん拡散していくというものでした。

　ならば逆に，一部に現れた整然さを，全体へと広げていくことはできないのでしょうか。

心地よさを感じさせる

　使いやすいように整理された棚は，他人が気持ちよいだけでなく，自分にとっても機能的で使い勝手のよいものです。

　心地よさを実感させるには，心地よい状況のつくり方を教え，何をどうすればそのようになるのかを具体的に指導し，できたら褒める。良くも悪しくも「指導には従わないが，空気には従う」と言われるように，直接的な指導でなく，周りからの影響力で良い方へ導くようにします。

傾向と対策

1 使い方を具体的に示す

　前述したように棚は「縦置き」で使い，そして棚に戻すときは必ず右端から戻すようにします。そうすると，頻繁に使うものほどいつも右側に位置して，使う頻度が低いも

第3章 安心感と機能性を高める！教室環境スキル10

のは左へ左へと押しやられます。

【ハード編】の写真を見てください。棚の下方に赤いテープが貼ってあります。このテープは左端から5cmのところに貼ってあり，1ヶ月間この5cm部分に留まっていたとしたら，それらはこの1ヶ月棚から出されなかった，使われなかったことを意味します。

この5cm部分に長く留まる道具やファイルは，学校に置いておく理由のないものと判断し持ち帰るようにします。周りの棚と自分の棚の違いに気をつけるようになれば，効果が出ていると言えます。

2 通信で紹介

美しく整理されている棚は写真に撮って通信で褒めます。すると，その後あちらこちらで「美しい棚」が現れるので，これも写真に撮って通信に載せます。

そしてここからが肝心なのですが，全員の棚が紹介されるまでこれを続けます。それでもどうしても整理できない生徒がいますが，そのような生徒には，先生が「一緒にやろう」と手を差し延べ，できたら同じように通信で紹介して褒めます。さらにもし，それもできないようなら，放課後先生がその生徒の棚を整理します。

しかし，一度できたからといって安心していてはすぐ崩れてきます。全員が達成できたら，【ハード編】にあるようなチェック機能を用い，定期的にメンテナンスを繰り返すことで自動的に定着に向かいます。

（高橋　勝幸）

第3章●安心感と機能性を高める！ 教室環境スキル10

7 学級文庫

ハード編

昨今，全国のほとんどの中学校で朝読書が実践されています。それに比して教室に学級文庫を設置する学級も増えていると思いますが，残念ながら本を忘れた子がその場しのぎに手を伸ばす……という利用のされ方が多いのではないでしょうか。

担任が選書した本を生徒が読み，生徒同士がその本の内容について話している。そんな姿を想像しただけで楽しくなりませんか。

どんな本を置くか

ジャンルを問わず，教師自身が読んでみて感銘を受けた本，生徒に読んでほしい本を置けば良いと思います。学校事情が許すならば漫画・雑誌も OK です。

担任が読み終えた本をそっと置く。いつの間にか少しずつ本が増えている……。これで教師の読書への想いは十分伝わります。

傾向と対策

1 キーワードは「気軽・手軽・身近」

学校には図書室があるので，学級文庫には図書室にはない機能を求めます。それが上記のキーワードです。

第3章 安心感と機能性を高める！ 教室環境スキル10

学級文庫／ハード編

　学級文庫の利用に関するルールは最小限にします。手にしたら元へ戻すことと，持ち帰るときは先生に一声かけること。これだけです。なので貸し出し帳などは作りません。借りていった生徒には，その後「読んだかぁ？」とか「どうだった？」と声をかけるだけで，十分管理できます。

　紛失してしまったら……などと心配なのもわかりますが，そもそも返ってこなくても良い，なくなったらまた買えば良いくらいの覚悟をしておきましょう。

2 教師も利用する

　学級文庫を設置したら，先生方もどんどん利用します。朝読書で先生が読む本もここへ置きます。職員室に置ける本の量は限られているので，学校に置いておきたい本はここに持ち込むようにします。ただ，一つ注意する点として，生徒が手にしそうな本を置くということがあります。誰からも興味をもたれない本を飾っても意味がありません。

　教育書などは生徒の目に入るところに置くのを躊躇するのもわかりますが，付箋やアンダーラインが入った本をそのまま置けば，先生も勉強しているのを示す機会となります。

（高橋　勝幸）

第3章●安心感と機能性を高める！ 教室環境スキル10

学級文庫

そもそも論として，学級全員40人に学級文庫の本に興味をもたせ手に取らせることは不可能です。ならば，どのような活用のされ方を目指すのかをイメージし，そこへ向けて諸条件を整えていきます。

想いを込めた学級文庫でも，肝心の生徒が興味をもってくれなければ意味がありません。ここではどうしたら生徒が手を伸ばしてくれるのかを考えていこうと思います。

世界観を広げる

中学生は，自身の興味関心に基づいた読書はすでに実行していますが，私が学級文庫に求める機能の一つに，「世界観」を広げるというのがあります。今までは関心がなかったけれど授業で教えてもらってもっと知りたくなったとか，何気なく手にしたら引きずり込まれたといった経験を後押しするような役割です。意図するしないにかかわらず，思いもしないところから，子どもの世界は広がります。

傾向と対策

１ 興味を抱かせる

興味がなければ，本の前までは連れてくることができても，手に取らせることができません。手に取らせるために

第3章　安心感と機能性を高める！　教室環境スキル10

は，そこに置いてある本に関心をもたせる，或いはそこに本を置いている先生に興味を向けさせる必要があります。厳しい言い方になるかもしれませんが，先生方の言動，立ち方が生徒たちに受け入れられているならば，生徒たちはその先生の生き様に自ずと関心を向け，その先生に影響を与えた書物にも関心をもつようになるでしょう。

2 本のソムリエ

学級文庫に置いてある本は，先生方の思い入れがある本ばかりと思います。そして先生は，どんな言葉がそれらの本の中にあるかわかっています。

生徒たちは自分の行動や考え方を認め，勇気づけてくれるような言葉を探しています。先生方が前もって読んだとき，意図的にページを折ったりアンダーラインを引いたりしておくのも一手です。

生徒個人に薦めるには「信頼関係」が構築されていることが前提です。担任との関係が良好な生徒ならば問題ありませんが，担任としっくりしていない生徒にこそ手を伸ばしてほしい本は，教科担や副担の先生などラポートのとれている先生にさりげなく薦めてもらいましょう。

先生方が支えを欲している生徒を見取り，元気づける本や言葉を紹介する「本のソムリエ」になってはどうでしょう。生徒が「先生〜，私○○なんだけど，いい本ないですか？」と話しかけてきて，読後には内容について議論する……。想像するだけでワクワクしてきませんか？

（高橋　勝幸）

第3章●安心感と機能性を高める！ 教室環境スキル10

風邪予防

　風邪の予防は基本的に，個人や家庭で注意していきたいものです。しかし，学校での流行については担任が意識し，学級環境を工夫することが必要です。

　また，学級で風邪予防の指導に絡めて，健康管理の必要性を指導する良い機会と考えましょう。

予防の意識付け

　教室に担任が用意しておくと，生徒も健康管理に意識を向ける物があります。担任の働きかけによって，学級に予防の雰囲気をつくることが大切です。また，家庭と連携をとることにより，予防は徹底されます。

傾向と対策

1　学級に風邪予防の雰囲気をつくる

　風邪の流行は室温や湿度に大きく関係しています。そこで日頃から生徒が教室環境を意識できるように，備品を工夫します。

　まずは温度計を教室に設置しましょう。できれば，湿度計と一体型の物が良いです。日頃から担任が「今，○度かぁ。寒くないかい？」などと会話に盛り込むことで，生徒も自分から温度計を確認するようになります。

第3章 安心感と機能性を高める！ 教室環境スキル10

また，湿度計があれば，乾燥してきたときに学級に濡れたタオルを干すなどの乾燥対策もしやすいです。この活動は係の仕事にすると徹底されます。

そして，最近は使い捨てマスクが主流です。教室にも1箱用意しましょう。そして，「風邪をひいているなら，人にうつるからマスクをしなさい」といった指導ではなく「マスクあるよ。悪化しないように使うかい？」といったように，あくまでも生徒の気持ちを考え，声をかける配慮が大切です。

2 家庭との連携を図る

風邪をひいた場合，早めに病院で受診し，早期治療を期待したいところですが，「たかが風邪」と受診が遅くなる家庭もあります。そのため，学級で風邪が流行してしまう結果になります。生徒には受診を勧めますが，風邪についても様々な家庭の事情や考え方がありますので，生徒が板挟みにならないよう配慮したいものです。

そこで，担任や養護教諭から直接家庭に連絡を入れることも良い方法です。

連絡は，「風邪でつらそうだったのですが，帰宅後どうですか？」「学校で風邪が流行っているので，心配でご連絡しました」といった内容で始めます。家庭にも様々な事情があるので，ここでのポイントはいきなり受診の話を持ち出さないことです。生徒が健康管理しやすいよう家庭と連携し，風邪の流行を抑えましょう。

（長尾　由佳）

第3章●安心感と機能性を高める！ 教室環境スキル10
風邪予防

　毎年流行する風邪やインフルエンザ。テストの時期と重なることもあれば，最悪学級閉鎖に追い込まれることもあるでしょう。そのために，中学生ですから親任せにせず，自分で予防を意識する気持ちも大切です。生徒に体調の自己管理や風邪への対策を指導し，その後の生活に役立ててほしいと考えます。

風邪のデメリット

　欠席する時期が悪ければ，成績など自分に関わるデメリットがあります。また，学級閉鎖により学級全体のデメリットにもつながります。生徒が意識しにくい事柄なので，健康管理も含めて指導する良い機会になると考えましょう。

傾向と対策

1　体を管理する意識

　生徒は，風邪をひいて欠席や学級閉鎖になると「休みになって嬉しい」といった気持ちがほとんどではないでしょうか。また，欠席に至らなくても体調不良のまま登校した結果，授業に集中できないといったことも起こりえます。そこで健康管理について指導し，必要性を理解させることが大切です。風邪についてのデメリットの理解は基本的な

第3章 安心感と機能性を高める！ 教室環境スキル10

ことと押さえ，その先にある自己管理について具体的な方法や場面を理解させましょう。

2 イメージを大切にする

校内で制服の脱ぎ着だけでは，体温調節が難しい場合があります。ですから，ほとんどが下着での体温調節になります。しかし，見た目を気にする生徒も多いため，なかなか徹底されません。そこで，「○○な色だと透けないよ」「体育のときはこうすると恥ずかしくないよ」など具体的な日頃の声かけが必要です。

同じくブレザーなど脱ぎ着が可能な制服は，上着を着用せず寒がっていることが多いです。この場合も「寒いから着なさい」ではなく，具体的に「テストが近いから風邪をひくと大変だよ」とデメリットをイメージしやすい声かけが良いでしょう。

さらに，気温や室温により体温調節が必要なことも指導します。「今日は寒いから，移動教室のときはブレザーを着ていこうね」など，気をつける場面をイメージしやすい具体的な声かけが，生徒への意識化につながります。

また，運動系の部活動後は，急激に体温が下がり，体力も使っています。体調の自己管理に対して，着替えの話など具体的なアドバイスをし，体温調節を意識させましょう。

ここで大切なことは，生徒がその後の生活で応用していける指導です。生徒が「そうか，なるほど」と理解し，実践したくなるような指導をしたいものです。

（長尾　由佳）

風邪予防／ソフト編

あ と が き

　中学校国語科の研究を目的として設立されたのが「研究集団ことのは」でした。まずは国語科の授業づくりに重点を置き，学級づくりや生徒指導，行事指導など幅広い領域に関して，新たなメンバーを加えるたびに常に時代を先読みしつつ，理論と実践の往還を目指しながら研究考察を重ねてきました。しかし，中学校国語科教師の集まりなだけに，他の教科の専門性やその教科が求める思想や目標・方法が理解できずに，時に悩んだこともありました。

　「研究集団ことのは」とは別のサークルを立ち上げたのがわずか１年前のことです。札幌を中心に空知や胆振など北海道の中央（道央）に位置する学校に勤務する，やる気だけは人に負けない各教科の変人たちが14名集まりました。月に一度，土曜の夜に集まり，これまでの勤務校での経験や実績を踏まえて，自分たちで学級づくりの理念や理想を生み出そうと頭を寄せ合いました。

　このサークル例会において，「さきがけとしんがり」「アクセルとブレーキ」といった一つの指導原則を生み出しました。その過程で，普段あまり意識していないけれども，学級づくりを円滑に進めていくうえでコツとなるような，いわば「すきまスキル」があることに気がつきました。こうした思いつきが本シリーズを生み出したきっかけです。まさに，「偶然の産物」という言い方ができるかもしれませんし，実は優れた中学校教師が身につけてきた，学級を

あとがき

成功させる「必然のスキル」であったのかもしれません。

　さて，これまで何度か共著の編集に携わりました。中でも今回は，とりたてて面白く感じたというのが正直な感想です。私たちは普段，教員向けのセミナーで教師を相手に模擬授業をします。サークルでのプレ検討を経た後にセミナー本番で修正されるわけです。完成形よりもその変容過程こそがいちばん勉強になるのは，ほぼ共通の感覚です。

　共著の原稿もこれと一緒です。それぞれの筆者がどんなイメージをもって書いているか，どんな意図を込めて書いたものか，具体例として取り上げたものの中に切り捨てたものはどれほどあるのか……。

　こういったことを想像しながら，誰が読んでもわかるような表現に向け手を加えるわけです。ただし，安易に手を加えることで本人にとって大事なメッセージを削ぎ落としてしまわないように気をつけなければなりません。これが編集にあたって一番苦労した点です。

　「ことのは」は国語科教師のみでしたので，書いた原稿の言わんとしていることはほぼ理解でき，どう改変すべきかもイメージできました。しかし，これが他の教科だと求めるゴールに違いがあるのか，同じなのかでまず迷うこととなります。学級づくりの理念をすり合わせていますが，人の文章に手を入れるということは想像力と創造力が問われることに改めて気がついたしだいです。しかし，何より期待できるのは，メンバーである"変人"たちの変容ぶりであることだけは間違いなさそうです。　　　　山下　　幸

【執筆者一覧】

堀	裕嗣	北海道札幌市立幌東中学校
山下	幸	北海道札幌市立平岡中央中学校
髙橋	和寛	北海道札幌市立札苗中学校
渡部	陽介	北海道札幌市立新琴似中学校
友利	真一	北海道砂川市立砂川中学校
新里	和也	北海道札幌市立北白石中学校
高橋	美帆	北海道札幌市立北白石中学校
山﨑	剛	北海道札幌市立太平中学校
河内	大	北海道室蘭市立桜蘭中学校
高村	克徳	北海道札幌市立篠路西中学校
高橋	勝幸	北海道栗山町立栗山中学校
北原	英法	北海道室蘭市立桜蘭中学校
長尾	由佳	北海道札幌市立幌東中学校

【編著者紹介】

堀　裕嗣（ほり　ひろつぐ）
1966年北海道湧別町生。北海道教育大学札幌校・岩見沢校修士課程国語教育専修修了。1991年札幌市中学校教員として採用。1992年「研究集団ことのは」設立。『スペシャリスト直伝！教師力アップ成功の極意』『【資料増補版】必ず成功する「学級開き」魔法の90日間システム』（以上，明治図書）など著書・編著多数。

山下　幸（やました　みゆき）
1970年北海道苫前町生。北海道教育大学岩見沢校卒。1992年北海道空知管内小学校教員として採用。1995年「研究集団ことのは」に入会。『全員参加を保障する授業技術』『学級経営力・中学学級担任の責任』（以上，明治図書）などを共著。

イラスト：木村　美穂

中学校　学級経営すきまスキル70

2017年9月初版第1刷刊	©編著者　堀　　　裕　嗣
	山　下　　　幸
	発行者　藤　原　光　政
	発行所　明治図書出版株式会社
	http://www.meijitosho.co.jp
	（企画）及川　誠（校正）西浦実夏
	〒114-0023　東京都北区滝野川7-46-1
	振替00160-5-151318　電話03(5907)6704
	ご注文窓口　電話03(5907)6668
＊検印省略	組版所　株式会社アイデスク

本書の無断コピーは，著作権・出版権にふれます。ご注意ください。

Printed in Japan　　　　　ISBN978-4-18-275412-8
もれなくクーポンがもらえる！読者アンケートはこちらから →

子どもを軸にした カリキュラム・マネジメント
教科をつなぐ『学び合い』アクティブ・ラーニング
西川 純 編著

各教科の授業づくりで実現するカリキュラム・マネジメント

「教科の枠組みを越えた力」はどうつける？カリキュラム・マネジメントで目指す力は、教科をつなぐ『学び合い』アクティブ・ラーニングで実現出来る！教科を横断した力をつける各教科の授業づくりについて、子どもを軸にしたカリキュラム・マネジメントの視点から解説。

A5判 168頁
本体 1,860円+税
図書番号 2719

平成28年版 中央教育審議会答申 全文と読み解き解説
大杉昭英 解説

全文&全資料収録！答申のポイント&キーワードを徹底解説

平成28年版「中央教育審議会答申」全文&全資料に加え、読み解くポイントを、国立教育政策研究所・初等中等教育部長の大杉昭英先生が徹底解説。「カリキュラム・マネジメント」「主体的・対話的で深い学び」「見方・考え方」など、キーワード解説も入れた必携の1冊。

B5判 456頁
本体 2,500円+税
図書番号 1366

スペシャリスト直伝！中学校国語科授業 成功の極意
池田 修 著

国語科を実技教科に！アクティブな授業づくりのポイント

「国語科を実技教科に！」アクティブな国語科授業づくりのノウハウを授業実践とともに豊富に紹介。授業づくりの基礎基本から、生徒を熱中させる教材づくりのポイントや仕掛け、「ディベート」「作文」「物語の読解」「スピーチ」等の授業モデルまでをわかりやすく解説。

A5判 168頁
本体 2,000円+税
図書番号 1342

THE教師力ハンドブック 自治的集団づくり入門
松下 崇 著

子どもに力をつけるチャンスは常にある！実践ナビゲート

子どもたちに「自ら考え、行動する力」を。上手くいかないのは、知らないうちに「教師の意のままに動く」ことを良しとしているからなのかもしれません。自治的集団づくりでは、教師は子どもたちの何を見取り、評価するのか？すぐに使える実践例と指導のポイントが満載！

四六判 144頁
本体 1,600円+税
図書番号 1447

明治図書　携帯・スマートフォンからは **明治図書ONLINE** へ　書籍の検索、注文ができます。

http://www.meijitosho.co.jp　＊併記4桁の図書番号（英数字）でHP、携帯での検索・注文が簡単に行えます。

〒114-0023　東京都北区滝野川7-46-1　ご注文窓口　TEL 03-5907-6668　FAX 050-3156-2790

学級を最高のチームにする！
365日の集団づくり 小学/中学/高校

赤坂真二 編著

学級づくりの必読書

【図書番号・2501〜2506, 2740〜2743】
A5判 144〜176頁
本体価格1,600円〜1,760円+税

★発達段階に応じた学級づくりの秘訣を、具体的な活動で紹介。
★「学級づくりチェックリスト」で学級の状態をチェック！
★学級づくりで陥りがちな落とし穴と克服の方法も網羅。

365日で学級を最高のチームにする！目指す学級を実現する月ごとの学級づくりの極意。スタートを3月とし、まず学級づくりのゴールイメージを示して、それを実現するための2か月ごとに分けた5期の取り組みをまとめました。1年間の学級経営をサポートする、必携の1冊です。

授業をアクティブにする！
365日の工夫 1年から6年

赤坂真二 編著

授業づくりの必読書

【図書番号・2721〜2726】
A5判 136〜176頁
本体価格1,660円〜1,800円+税

★主体的・対話的で深い学びを実践ナビゲート！いつでも始められる学期ごとの授業モデル。
★教師と子どもの会話形式で、「授業の流れ」がライブでわかる！
★「授業をアクティブにするチェックポイント」で、要点がまるわかり。

小学校の各学年で実現する「アクティブな授業づくり」を、1学期ごと、各教科別の豊富な授業モデルで収録。教師と子どもの会話形式で「授業の流れ」がライブでわかり、「授業をアクティブにするチェックポイント」で要点チェック。主体的・対話的で深い学びを実践ナビゲート！

明治図書 携帯・スマートフォンからは **明治図書ONLINE へ** 書籍の検索、注文ができます。 ▶▶▶

http://www.meijitosho.co.jp ＊明記4桁の図書番号（英数字）でHP、携帯での検索・注文が簡単に行えます。

〒114-0023 東京都北区滝野川7-46-1 ご注文窓口 TEL 03-5907-6668 FAX 050-3156-2790

学級を最高のチームにする極意

クラスがまとまる！協働力を高める活動づくり

小学校編 **中学校編** 赤坂 真二 編著

対話と協働で力をつける！アクティブな活動づくりの秘訣

「よい授業」をしている先生は、「よい学級」を作っています。魅力的な学びある授業の土台には、「対話と協働」が自然に出来るクラスづくりが不可欠。子どもが変わる！クラスが変わる！アクティブな活動づくりの秘訣を、豊富な実践モデルで紹介しました。

小学校編
A5判 144頁 本体 1,660円＋税
図書番号 2554

中学校編
A5判 152頁 本体 1,700円＋税
図書番号 2555

学級を最高のチームにする極意

教室がアクティブになる学級システム

赤坂 真二 編著

子どもが見違えるように変わる！学級システムづくりの極意

「機能するクラス」には、子ども達が自ら動き、円滑な生活を送れるシステムがある！日直や給食、清掃などの当番活動、係活動・行事活動など普段の活動にも認め合うことや交流を促すためのシステムを加えることで学級は劇的に変わります。アクティブな学級づくりの秘訣。

A5判 184頁
本体価格 1,860円＋税
図書番号 2588

学級を最高のチームにする極意

保護者を味方にする教師の心得

赤坂 真二 編著

保護者とのよい関係づくりが学級と子どもを育てる！

子どもや保護者との関係だけでなく、同僚や上司との関係に悩む先生方が増えてきました。そのような先生方へのアドバイスを①同僚とうまくやるコツ②合わない人とうまくやるコツ③初任者のためのサバイバルテクニックの視点から、具体的な実践事例をもとにまとめました。

A5判 144頁
本体価格 1,660円＋税
図書番号 1537

学級を最高のチームにする極意

職員室の関係づくりサバイバル うまくやるコツ20選

赤坂 真二 編著

職員室の人間関係20箇条必須！味方を増やす関係づくりの秘訣

子どもや保護者との関係だけでなく、同僚や上司との関係に悩む先生方が増えてきました。そのような先生方へのアドバイスを①同僚とうまくやるコツ②合わない人とうまくやるコツ③初任者のためのサバイバルテクニックの視点から、具体的な実践事例をもとにまとめました。

A5判 192頁
本体価格 1,860円＋税
図書番号 1527

明治図書 携帯・スマートフォンからは **明治図書 ONLINE へ** 書籍の検索、注文ができます。▶▶▶

http://www.meijitosho.co.jp ＊併記4桁の図書番号（英数字）でHP、携帯での検索・注文が簡単に行えます。

〒114-0023 東京都北区滝野川7-46-1 ご注文窓口 TEL 03-5907-6668 FAX 050-3156-2790

全文掲載＆各教科のキーマンのピンポイント解説！

平成29年版 学習指導要領 全文と改訂のピンポイント解説

資質・能力を核にした大改訂の学習指導要領を最速で徹底解説！

【小学校】
編 安彦忠彦
- 1800円＋税
- 図書番号：2727
- A5判・288頁

【中学校】
編 大杉昭英
- 1800円＋税
- 図書番号：2728
- A5判・272頁

〔知識及び技能〕〔思考力，判断力，表現力等〕〔学びに向かう力，人間性等〕の3つの柱で再整理された大改訂の新学習指導要領について，各教科・領域のキーマンが徹底解説！全文掲載＆各教科のピンポイント解説で，新しい学習指導要領がまるわかりの1冊です。

平成29年版 学習指導要領改訂のポイント

大改訂の学習指導要領を最速で徹底解説！

▶ 『国語教育』PLUS
小学校・中学校 国語
- 2717
- B5判・1800円＋税

▶ 『社会科教育』PLUS
小学校・中学校 社会
- 2716
- B5判・1860円＋税

▶ 『授業力＆学級経営力』PLUS
小学校 算数
- 2713
- B5判・1900円＋税

▶ 『数学教育』PLUS
中学校 数学
- 2712
- B5判・1800円＋税

▶ 『道徳教育』PLUS
小学校・中学校 特別の教科 道徳
- 2720
- B5判・1860円＋税

▶ 『楽しい体育の授業』PLUS
小学校・中学校 体育・保健体育
- 2715
- B5判・1860円＋税

▶ 『LD，ADHD＆ASD』PLUS
通常の学級の特別支援教育
- 2714
- B5判・1960円＋税

▶ 『特別支援教育の実践情報』PLUS
特別支援学校
- 2707
- B5判・2460円＋税

明治図書 携帯・スマートフォンからは **明治図書 ONLINE へ** 書籍の検索，注文ができます。▶▶▶

http://www.meijitosho.co.jp ＊併記4桁の図書番号（英数字）でHP，携帯での検索・注文が簡単に行えます。

〒114-0023 東京都北区滝野川7-46-1 ご注文窓口 TEL 03-5907-6668 FAX 050-3156-2790

今すぐ出来る! 全校『学び合い』で実現する カリキュラム・マネジメント

西川 純 著

子どもが変わる！
学年・教科の壁を越える
全校「学び合い」

子ども・教師がこんなに変わる！学年・教科の壁を越えた全校『学び合い』で実現するカリキュラム・マネジメント。全校『学び合い』の理論から実現のための4条件、スムーズな導入ステップから子ども集団づくりまで。取り組みのポイントを実践例をまじえてまとめました。

A5判 168頁
本体 1,900円＋税
図書番号 1283

スペシャリスト直伝! 主体性とやる気を引き出す 学級づくりの極意

赤坂真二 著

指導力を高めたい
すべての方へ！
学級づくり成功の秘訣

「主体性」と「やる気」を引き出すために、日常的に取り組むべきこととは？おさえておきたい学級づくりの基盤となる2つの要素と育成の3段階。学級づくりの基礎・基本から教師のリーダーシップ改革、学級機能アップチェックポイントまで。指導力UPに必携の1冊です。

A5判 152頁
本体 1,760円＋税
図書番号 1328

「感動のドラマ」を生む 学級づくりの原則

岸本勝義 著

子どもの可能性を
引き出すドラマを生む
学級づくりの極意

「感動のドラマ」はどの学級にでも起こせる！「人とつながる素晴らしさ」「自分の力を他に生かす喜び」「協働」の経験は、卒業後も子供達の力となります。実際に起こったドラマの実例と、裏側にある教師の工夫を豊富に入れてまとめた「ドラマ」を生む学級づくりの秘訣。

A5判 136頁
本体 1,600円＋税
図書番号 1295

資料増補版 必ず成功する「学級開き」 魔法の90日間システム

堀 裕嗣 著

学級経営の縦糸と
横糸を結ぶ！勝負が決まる
学級開き90日

学級経営の成否が決まる、学級開きからの大切な90日間。「3・7・30・90の法則」で学級経営が必ず成功する"魔法の90日間システム"を、具体的な実践事例をもとに解説しました。2012年発刊の書籍に理論と実物資料を加えて内容に厚みを増した増補版です。

A5判 168頁
本体 1,700円＋税
図書番号 1556

明治図書 携帯・スマートフォンからは **明治図書ONLINE** へ 書籍の検索、注文ができます。▶▶▶

http://www.meijitosho.co.jp ＊併記4桁の図書番号（英数字）でHP、携帯での検索・注文が簡単に行えます。

〒114-0023 東京都北区滝野川7-46-1 ご注文窓口 TEL 03-5907-6668 FAX 050-3156-2790